ちくま新書

# 日本と中国経済

——相互交流と衝突の一〇〇年

梶谷 懐
Kajitani kai



1223

# 日本と中国経済——相互交流と衝突の一〇〇年【目次】

# はじめに

二〇一五年の春節（旧正月）、「爆買い」というそれまでなじみのなかった言葉が日本のお茶の間（すでに死語かもしれませんが）をにぎわせたのは記憶に新しいところです。中国人観光客によって、日本製の炊飯器や水洗トイレ便座が飛ぶように売れていく様子をテレビのワイドショーがおもしろおかしく報道し、家電量販店やドラッグストア、ホームセンターには、中国語で書かれた説明が必ず掲げられるようになりました。

この「爆買い」現象は、この本を執筆中の現在には大分下火になったとはいえ、個人消費が伸び悩む日本の景気を下支えするのに大いに役立ったと思われます。しかし、多くの日本人にとって、こういった「爆買い」やインバウンドを、諸手を挙げて歓迎する気分にはどうしてもなれなかった、というのが正直なところではないでしょうか。それは、何といってもほんの数年前に、やはりテレビで繰り返し流された、尖閣諸島問題に起因する過激な反日デモや日系スーパーに押し寄せた暴力的な群衆の様子が、まだ記憶に新しかったからでしょう。

もちろん、数年前の反日デモに参加していた群衆と、日本に観光に訪れ、「爆買い」を行っている人々とは直接重なっているわけではありません。むしろ、生活水準も社会階層も考え方も、同じ中国人としてくることができないほど、両者の間には大きな隔たりがある、といってよいでしょう。それでも、日本社会における一般的な中国人のイメージとして、二つの映像がそれほど間をおかずにマスメディアで流された結果、「あの時はあれほど日本人や日本製品を嫌っていたのに、なぜ今度は喜び勇んで日本製品を買いあさりに来るのか?」という釈然としない思い、あるいは言いようのない不信感を感じた日本人の方が多かったのではないでしょうか。

反日デモと爆買い。今の日本で「日中間の経済交流」というと、真っ先にイメージされるのはこの二つの現象かもしれません。この二つの現象から、現在の日中経済交流が置かれている、一種のアンビバレンツな状況が浮かび上がってくるのではないでしょうか。すなわち、日中関係は「経済関係がうまくいっているようでも、必ずどこかで「政治」問題がその邪魔をする」という側面をもつ一方、「どんなに政治的に冷え込んでいるようでも、「経済」的なつながりを求める動きがやむことはない」という側面も持っています。これは、少し考えればわかるように、コインの裏と表のような関係にあります。本来なら、なんとか政治的にも経済的にも良好な関係を、と願いたいところですが、そういった関係を両国が築くことは、残念ながら近い将来には望み薄だ、と言わざるをえません。では、このややこしい両国の関係をどう考えていけばよいのか、少し歴史をさかのぼって考えてみよう、というのがこの本の直接のねらいとなります。

……と大見得を切ったものの、私は一次資料を自由に読みこなすことのできる歴史学の専門家ではありませんし、中国近現代史の専門家からみれば、本書に新しい知見といえるものはほとんどないといっていいでしょう。それでも、近代以降の日中間の経済交流の歴史を概観した本をこのような形でまとめておくことには、以下のような点で何らかの意義があると自分なりには思っています。

一つには、中国近現代史の大まかな流れを押さえた上で、日中間の経済問題について考える、という視点で書かれた一般向きの書物がこれまでほとんど存在しなかったことがあげられます。例えば、二〇一二年の反日デモ・暴動について考える際に、一九二〇年代の在華紡に対するストライキやボイコットについて振り返ることは不可欠だと私は考えていますが、そういった視点から過去の歴史と現在の課題とを結びつけてくれる議論というものには、ほとんどお目にかかることができませんでした。これは歴史の専門家と現代中国の研究者との間にかっちりとした「分業関係」があるためですが、いつまでもそういうお行儀のいいことを言ってもいられないのではないか、という私なりの「危機意識」から、あえて蛮勇をふるってみた、という次第です。

もう一つには、近代以降の日中間の経済交流がたどってきたある種の「パターン」を頭の中に入れておくことで、これから生じうるある種の誤謬を避けることができる、と考えるからです。すでに述べたように、現在の日中関係は、「経済関係がうまくいっているようでも、必ずどこかで「政治」問題がその邪魔をする」「どんなに政治的に冷え込んでいるようでも、「経済」的なつながりを求める動きがやむことはない」という、コインの裏と表のようなもどかしい動きで特徴づけられます。しかし、すこし歴史を振り返ってみれば、このようなジレンマはなにも最近になって生じたわけではなく、近代以降の両国の交渉において、何度となく繰り返されてきたパターンだということが分かります。私は、まずそのことを念頭に置いて今後の日中関係を考えていくべきだと思っています。

この本では詳しく述べていませんが、近代以降の日中間がなかなか政治・経済の両面で良好な関係を築くことができないのは、基本的には日中の社会の成り立ちの仕組み、特にその「統治」に関する根本的な考え方が異なるからだ、と私は考えています。ですので、「政治的にもう少し歩み寄りさえすれば――端的には「対米従属」路線を変更すれば――日中関係は基本的にうまくいくのだ」、といった楽観的な日中友好論に私は賛成できませんし、むしろこれから両国が新たな関係を築いていくためには障害になると考えています。こういった点については私の前著である『日本と中国、「脱近代」の誘惑――アジア的なものを再考する』（太田出版）あるいは『「壁と卵」の現代中国論――リスク社会化する超大国とどう向き合うか』（人文書院）で詳しく論じていますので、そちらを参照してほしいと思います。

本書の執筆に当たっては、今までにないほど多くの方から直接的・間接的なご協力をいただきました。新《あたらし》尚一（神栄株式会社）、片山啓（アジア経済知識交流会）、土井英二（兵庫県貿易株式会社）の各氏には、国交回復以前の日中民間貿易に関する貴重な体験談を聞かせていただいたほか、関連する資料もお貸りしました。梶谷浩一氏（公益財団法人有隣会）には、倉敷市にある旧クラレ倉敷工場資料館をご案内いただき、大原總一郎に関する資料を紹介していただきました。伊藤亜聖氏（東京大学）からは深圳のドローン産業についての写真をお借りしました。また、加島潤（横浜国立大学）、高木久史（安田女子大学）、木村公一朗（アジア経済研究所）の各氏には、草稿段階で本書に目を通していただき、各分野の専門家の立場から適切なアドバイスを受けることができました。心より感謝いたします。

本書の企画は今から約四年前に、筑摩書房の橋本陽介さんから、拙著（『「壁と卵」の現代中国論』）を読んだところ、なかなか面白かったので、日中関係に関する新書を書いてみないか、という丁寧なお手紙を受け取ったことに始まります。それ以来、なかなか執筆が進まなかったのを、今日まで気長に待っていただきました。月並みな謝辞になってしまいますが、橋本さんの強い勧めと粘り強い催促がなければ、近代以降の日中間の経済交流を概観する、という大それたテーマを完成させることなど、とてもかなわなかったでしょう。この場を借りて改めてお礼を申し上げたいと思います。

本書の執筆が大詰めに差し掛かっていた八月末、思いがけず恩師であり同僚でもあった神戸大学の加藤弘之教授の訃報に接することとなりました。加藤先生からは、大学院の修士課程の時代から、中国経済という対象を日本人という「異邦人のまなざし」で見ること、その全体像を常に念頭に置いて具体的なテーマを研究すること、この二つの姿勢の重要性を繰り返し叩き込まれました。直接日中関係に関する著作をお書きになることはありませんでしたが、特にその晩年には、日中はどうすればうまくお互いの利益を尊重しあいながら付き合うことができるのか、常に念頭におかれながら、その研究活動を続けてこられたように思います。もう半年ほど早く完成させていれば先生にも読んでいただけたのに、と思うと、今回ばかりは自分の非力が無念でなりません。謹んで、この小著を今は亡き加藤先生に捧げたいと思います。

二〇一六年一〇月　梶谷　懐

第一章
# 戦前の労使対立とナショナリズム

5.30事件の報復により襲撃された在華紡の工場　写真提供:朝日新聞社

今後の日中関係を考える上で、これまでの歴史を振り返ることが重要だということについて、異論を持つ人はそれほど多くはないでしょう。日本社会に衝撃を与えた二〇一二年秋の反日騒動が生じたときにも、ちょうど日中国交回復四〇周年の節目に当たる年であったため、一九七二年から四〇年間の日中関係の歩みを振り返り、現在の緊張した関係を打開する手掛かりにしようとする試みが、盛んに行われました。

確かに、一九七〇年代の「日中蜜月」の時代を含め、国交回復以降の歴史を振り返ることも重要でしょう。しかしここでは、たかだか四〇年間の歴史を振り返って終わりとするのではなく、戦前の経済関係、例えば一九二〇～三〇年代にかけて日本の繊維産業が大挙して中国に進出した、いわゆる「在華紡」の経験にまでさかのぼってみたいと思います。

当時における日中の経済関係は、実は現在に勝るとも劣らないくらい非常に密接なものでしたし、貿易や資本投資を通じて相互に利益をもたらす、いわゆるウィン・ウィンの関係にあったといっても過言ではないと思います。ただ、同時代の政治的な問題、例えば第一次世界大戦当時における二十一ヵ条の要求や、満洲事変などの日本の侵略行為が非常に激しいナショナリズムを呼び起こし、それが日本製品のボイコットにつながる、という現象がたびたびみられるなど、両国の関係は一筋縄ではいかない複雑なものでした。

第一次世界大戦が終結した一九二〇年代には、日本の紡績企業が低廉な労働力を求めて我先にと中国大陸に進出する、今でいう直接投資のラッシュが生じました。これにより設立されたのが、いわゆる「在華紡」といわれる日系の工場群です。この在華紡をめぐっては、後述するように、労使間の対立からしばしば職工のストライキが生じました。これが当時満洲などで利権を拡大しつつあった日本に対抗するナショナリズムや、あるいは国民党や共産党が主導する政治運動と結びついたのです。このため、共産党の公式的な歴史観では「民族資本を圧迫する外国資本の手先」として一方的に悪いイメージを持たれてきました。しかし、当時の日中の綿業に関する実証研究が進んだ現在では、それはかなり一面的な評価であったと考えられるようになっています。

在華紡をめぐる問題について詳しく説明する前に、清朝末期から中華民国期にかけての中国の近代的な商工業の発展の歴史をざっと見ておきましょう。

## 1　中国の近代化とナショナリズム

一九世紀末から二〇世紀初頭にかけての中国では、列強からの圧力の下に「瓜分《かぶん》」すなわち祖国が分裂の危機にさらされるのではないかという、切迫した危機感が官民を問わず広く共有されていました。その中で、いかに統一的な国民経済を形成するか、という課題が、その時々の政権に一貫して受け継がれていきます。この「統一的な国民経済の形成」こそ、近現代の中国経済をみていく上で最も重要なキーワードの一つと言っていいでしょう。

「瓜分」をめぐる危機感にリアリティを与えていたのが、日清戦争に清朝が敗れて一八九五年に下関条約が結ばれ、ドイツ、ロシア、フランスなどが自国の居留民と現地住民との諍《いさか》いなどを口実に軍隊を派遣し、開港都市を中心に租借地を獲得していくという一連の動きです。同時に、これらの列強諸国は日清戦争および義和団事件による賠償金の支払いで財政難に陥った清朝政府に対して借款を供与し、鉄道の敷設や工場・鉱山の建設と経営を通じた利権を追求していきます。

また、下関条約で開港場での外国資本工場の設立が認められたこともあって、中国市場への列強諸国による資本投下が進みました。といっても、実際は中国政府による借款の形で資本が投下されるケースが大半だったのですが、中には外国資本が直接工場の経営に乗り出すこともありました。一九世紀末までの中国の近代的工業では、当時の代表的な実業家だった鄭観応《ていかんのう》が李鴻章《りこうしょう》の委嘱を受けて一八九〇年に操業を開始した上海機器織布局など、官営もしくは官商合辦（＝半官半民）の工場が圧倒的な地位を占めていました。しかしこれ以降は、外国資本もしくは中外合辦資本による工場が、一斉に中国国内で操業を開始していくことになります。

一方、一九一一年になり、鉄道利権回復運動を背景に生じた武昌での武力蜂起が辛亥革命へと発展し、中華民国が成立すると、中国は近代国家としての歩みを始めていくことになります。でも、その道は決して平坦ではありませんでした。近代化を進めようとした北京政府の権力基盤は脆弱であり、統一的な財政・貨幣制度を構築しようとする試みは何度も挫折を余儀なくされたからです。

当時の中国では、北洋軍など各省におかれた軍の司令官は、「保境安民（＝領土を保全し民を守る）」というスローガンをとなえ、支配地域における教育・衛生、産業振興などの近代化政策をさかんに行いました。このような軍事力を背景にした地方勢力、いわゆる「軍閥」による分権的な統治のあり方が、北京政府期の中華民国を特徴づけていたのです。ただ、そのことはまた中央の統制が効かない、地方勢力が割拠する状況が半ば常態化している、ということを意味していました。

二〇一二年に日本でも公開された、姜文《きょうぶん》監督の『さらば復讐の狼たちよ』（中国語タイトル「譲子弾飛」）という映画は、そういった中華民国初期の中国内陸部を舞台にした、西部劇さながらのアクション映画です。映画の筋立ては、匪賊の親玉（姜文）が、四川省の県城（鵝城）に県知事として赴任する道中の役人（葛優）の馬車を襲撃、役人とすり替わって新任県知事の身分で県城に乗り込み、成り行きから地域の独裁者である悪徳地主（周潤発）と熾烈《しれつ》な戦いを演じる、というものです。こういうと荒唐無稽に聞こえますが、そういった地方における支配者がいかにわが物顔で振る舞っていたか、という現代にも通じる様子が戯画的ながら巧妙に描かれており、中国国内で大ヒットしました。

## †ナショナリズムと日本製品のボイコット

さて、こういった不安定な政情にあった中華民国では、「瓜分」という言葉に象徴される対外的な危機意識から、愛国主義的な主張を掲げて当時の政府を批判する大衆運動がしばしば起こるようになってきます。まず一九一四年、第一次世界大戦への参戦をきっかけに、日本は青島を始めドイツが租借地としていた山東省東部を占領し、翌一五年には同省における利権の獲得など「対華二十一カ条要求」を北京政府に突きつけます。この行為は中国の知識人や華僑、留学生をいたく刺激し、各地でそれに反対するデモや日本製品のボイコットが生じます。そして一九一九年五月には、第一次世界大戦後のパリ講和会議で、この二十一ヵ条要求の破棄を求めた中華民国政府の要求が入れられなかったことに不満を持った北京大学の学生などが中心となり、大規模な大衆運動を起こしています。五・四運動の名で知られるこの運動には、陳独秀《ちんどくしゅう》や李大釗《りたいしょう》など、のちの中国共産党誕生の立役者となった知識人も数多く参加していました。

これらの運動は日本の教科書にも収載されており、都市の学生や知識人層を中心とした近代的なナショナリズムの高まりを象徴するものとして理解されてきました。ただ、ここで注目したいのは、これらの運動が多くの場合「日貨排斥」すなわち日本製品のボイコットをスローガンとして掲げていたことです。当時、こういった現象が広くみられたのはなぜなのか。それを理解するためには、近代以降における中国の工業化の歴史、およびその中で日本あるいは日本企業が果たした役割について、一通り知っておく必要があるでしょう。

## 2 近代中国経済が不安定な理由

ここで、当時の中国経済の制度的な特徴について簡単に解説しておきましょう。まず押さえておきたいのが貨幣制度です。貨幣制度については中華民国成立後もしばらくは清朝以来の伝統的な制度がそのまま存続したために、現在の私たちから見て非常にわかりにくいものになっています。それでも、当時の貨幣制度は輸出入品の価格変動を通じて中国の国内産業の発展にも少なからぬ影響を与えたので、この時代の経済を理解する上では避けて通るわけにはいきません。

二〇世紀初頭、というよりも清朝以来の中国で貨幣として用いられていたのは、大きく分けて「銀両」という秤量通貨（＝重さによって価値が定められる通貨）と、小額のコインとして流通する銅銭でした。この銀両と銅銭との間には、遠隔地間の大規模な交易の決済ならびに政府への税納などには銀が、そして地域内部の小規模な商取引の決済には銅銭が用いられるという「棲み分け」ができていました。

それが清朝末期になってくると、海外から流入したメキシコドルなどの「洋銀」や、中国政府が鋳造した袁世凱《えんせいがい》銀元や雑多な銅銭、各省の官金を取り扱う官銀号が発行する官帖《かんちょう》、さらには地方勢力と結びついた銀行が発行する銅元票や小洋票といった各種紙幣など、地域によって異なる形態の貨幣が流通するようになります。近代国家である中華民国が成立した後もしばらくの間は、政府がこれらの貨幣を統一するだけの強力な権力を持っていなかったため、そういった雑多な貨幣がそのまま併存し、「銭荘《せんそう》」と呼ばれた両替商と民間の貸金業者を兼ねた商人がたくさん介入してきて、地方ごとに複雑な相場を形成するという、いわゆる「雑種幣制」という状況が生まれたのです。

そんな中で、第一次世界大戦後から一九二〇年代にかけては、列強各国が相次いで金本位制に復帰した結果、銀の国際価格が下落し、同時に銀を通貨として用いていた中国国内に流入するようになりました。主要な通貨である銀が海外から流れ込んでくるわけですから、当時の中国では穏やかなインフレ基調が続きました。また、金を本位通貨として用いていた国々との為替レートも切り下がっていきますから、それらの輸出価格も下落していき、輸出には有利な状況が続いていきます。このような状況の下で、上海の共同租界を中心とした長江下流域では、民族系の繊維工業、その資金・担保供給源としての近代銀行業・不動産業、ならびにその原材料の供給地としての農村がそれぞれ有機的に結びついて発展する、という好循環が働くようになりました。

**†繊維産業の台頭**

ここで重要なのが、国際都市としての上海に存在した「租界」という場所の特殊性です。租界は、治外法権により相対的にセキュリティが維持された地域であり、電力・水道などの産業インフラが比較的整備されていたため、近代的産業の発展の母体となったのです。こうした好条件に恵まれた上海を中心とする長江下流域の工業化の動きは、のちに「民族資本の黄金時代」ともいわれる活況を呈しました。

工業化の中心を担ったのは、なんといっても繊維産業でした。その中でも代表的な産業である近代的綿業（＝綿紡織業）は、「土布」とよばれた在来の手工業による厚手の布を、次第に代替していく過程から生まれてきました。最初に国内の市場に入ってきたのは近代的な質の良い輸入綿糸でした。一九世紀末には、まずインド産の器械製綿糸が新土布（＝器械製綿糸を用いた在来織布）の原料として、農村で急激に市場を拡大していきます。また、日清戦争後に下関条約が締結されてからは、日本からの輸入綿糸がインド産綿糸を凌駕する勢いでシェアを伸ばしていきました。

中国国内の近代的な綿業は、これら輸入綿糸の代替品として、在来の手工業を再編する形で二〇世紀初頭から徐々に生産を拡大していきました。ただし、当時の中国資本の工場はインド綿糸と競合する太糸の生産に特化しており、より付加価値の高い、薄手の綿布の原料となる細糸は、主に日本からの輸入品に頼る状況が続きます。ここで重要なのが、綿糸の太さを示す「番手」という概念です。これは一定の重さの綿花からどれだけの長さの糸を紡ぎ出すことができるか、を示したもので、数字が大きい（高番手）ほど細い糸であることを意味します。細い糸を使うほど、織りの細かい高級な布が織れますから、その材料の細糸も付加価値の高い高級品となるわけです。当時の中国のような後進国にとって、こういった高級な細糸市場に参入するのはなかなか容易なことではありませんでした。

ただ、話はそこで終わりません。高番手の布で織られた薄手の綿布の需要は、上海などの大都市に限られていました。それ以外の地域、特に農村部では、太糸を用いた安価な厚手の布の使用が一般的だったのです。というわけで、中国市場全体ではむしろ従来の土糸（＝器械製ではない在来の綿糸）に代わって、一四番手前後の太糸が需要を伸ばしていきました。また、このような太糸の原綿には繊維の太くて短い中国綿糸が適していたので、上海などでの紡績工場の発展は、長江流域の農村における綿花生産の活性化をもたらしたのです。

## †中国民族資本の「黄金時代」と没落

さて、第一次世界大戦がはじまった一九一〇年代半ばから一九二〇年代はじめにかけて、中国資本の綿業はその保有錘数《すいすう》（紡績工場の規模を表わす、工場に備えられたスピンドルの数）を急激に伸ばし、「黄金時代」とも称される急速な拡大を遂げます。その背景として、前述のような綿糸の輸入代替化が進んでいたことに加え、第一次世界大戦の勃発によりイギリスからの綿工業品の輸入が途絶えたこと、原料となる綿花価格の下落と綿糸価格の上昇といういわゆる「紗貴花賤《さきかせん》（＝綿糸の値段が高く、綿花の値段は安い）」現象が製造業部門に一定の利ざやを提供したこと、の二つの要因が挙げられるでしょう。綿花価格の下落の背景には、原綿を生産する農村で用いられた銅銭の価格が第一次世界大戦後急落し、上海などの大都市で用いられた銀との交換比率が下落したことも影響していました。

この結果、太糸の分野で最大の競争相手であったインド綿糸は国内市場から追い出されていきました。このように、第一次世界大戦後の中国では、生産力の拡大を背景に綿糸の国内自給率が急速に向上するという、典型的な輸入代替工業化の過程がみられました（表

表 1-1　中国における綿糸自給率の推移

（単位：千担）

| | 中国綿糸生産量(A) | 外国綿糸輸入量(B) | 中国綿糸輸出量(C) | 中国国内消費量(A+B−C) | 綿糸自給率(%) |
|---|---|---|---|---|---|
| 1912 | 1,464 | 2,298 | | 3,762 | 38.9 |
| 1913 | 1,623 | 2,685 | | 4,308 | 37.7 |
| 1914 | 1,935 | 2,542 | 4 | 4,473 | 43.3 |
| 1915 | 1,935 | 2,686 | 20 | 4,601 | 42.1 |
| 1916 | 2,178 | 2,467 | 13 | 4,632 | 47.0 |
| 1917 | 2,385 | 2,127 | 28 | 4,484 | 53.2 |
| 1918 | 2,784 | 1,132 | 28 | 3,888 | 71.6 |
| 1919 | 2,754 | 1,405 | 67 | 4,092 | 67.3 |
| 1920 | 2,781 | 1,325 | 70 | 4,036 | 68.9 |
| 1921 | 3,033 | 1,273 | 26 | 4,280 | 70.9 |
| 1922 | 5,715 | 1,219 | 39 | 6,895 | 82.9 |
| 1923 | 5,694 | 775 | 89 | 6,380 | 89.2 |
| 1924 | 5,673 | 576 | 147 | 6,102 | 93.0 |
| 1925 | 5,727 | 527 | 65 | 6,189 | 92.5 |

出所：森時彦『中国近代綿業史の研究』，159ページ。
注：「中国綿糸生産量」には在華紡による生産を含む。

1‐1）。

しかし、この「黄金時代」は長くは続きませんでした。特に「紗貴花賤」現象によって得られた高い収益率が誘因となって新規業者の参入が相次ぐ一方で、品質向上の取り組みは十分でなく、国内綿業はたちまち生産過剰の状態に陥ってしまったからです。特に一九二二年から二四年にかけては原綿価格の高騰にも見舞われたこともあり、それまでとは逆の「紗賤花貴《させんかき》」という苦境の下で民族紡は深刻な不況に直面することになります。

工業化という「離陸」に苦しんだのはもう一つの代表的な軽工業である器

械製糸業も同じです。当時の器械製糸業は、日本も含めアジアの代表的な輸出産業でした。中国でも粗悪品が多く価格の暴落した在来の手繰り生糸に代わって、器械製糸が代表的な輸出産品として発展してきました。しかし綿業もそうですが、民族系の零細な工場は概して自己資本が少なく、固定資本・流動資本のかなりの部分を外部資金に頼っていました。例えば器械製糸業の場合、原材料である繭は農村に設立された「繭行《けんこう》」と呼ばれる繭取り扱い問屋から製糸業者に供給されましたが、価格変動が大きく、零細な製糸業者にとってはその調達コストは大きな負担でした。そこで製糸業者は生産した生糸を担保として銀行から融資を受けるという自転車操業を余儀なくされました。

当時の中国で支配的だった会社形態は、出資者の無限責任が要求される合股《ごうこ》制でした。合股制は、個人や法人が余剰資金を持ち寄り、何らかの事業に投資し、利益を分配して解散する、という短期的な利益追求組織としての側面が強いものでした。出資者は一般的には経営には携わりませんでしたが、無限責任制という高いリスクを負担するため、合股制の外部からの資本金を集めるには高配当が必要でした。出資者は、「官利」と「紅利」・「余利」の取得を期待して合股に加わったのです。出資者に支払われる官利とは、出資金に対する利息であり、一般的な利益配当にあたるのが紅利・余利となります。このような高配当が要求されたため、投資資金が不足し経営を圧迫する原因となりました。

一方、企業が銀行などから資金を調達することはより困難であり、不動産などの担保を要求されるのが一般的でした。こういった状況の下で零細業者の軽工業への参入を可能にしたのは、実質的な資本と経営の分離によって高い利潤率を実現した租廠《そしょう》制度、すなわちレンタル工場制の採用でした。一九二〇年から三〇年にかけて上海周辺で設立された製糸工場のほとんどが租廠制度を利用し、低いセットアップコストで操業を始めていたと考えられます。しかしその一方で、租廠制度のもとでは企業所有者、経営者ともに技術開発への投資リスクを回避する傾向が強く、器械製糸業の技術停滞を招く原因になったことが指摘されています。

## †中国経済の「安定なき停滞」

このように、二〇世紀初頭の中国では、いくつかの産業で近代的工業の始動がみられたものの、その「黄金時代」は長続きせず、おしなべて過剰供給による価格低下をまねいて挫折を余儀なくされたのです。一九四九年に『中国経済の社会態制』という、中国経済研究の古典的名著を著わした村松祐次は、こうした中国における近代的工業の「挫折」の原因を、その「安定なき停滞」ともいうべき独特の市場秩序のあり方に求めています。

村松は、中国経済の「社会態制」、すなわち経済活動を支える制度の独自性に早くから注目していました。彼によれば、当時の中国経済は政府およびギルドや同郷団体といった中間団体を通じて市場への新規参入者を排除する契機が極めて弱く、自由開放的かつ競争的でした。一方で、法による支配などのフォーマルな制度によって市場の運行が支えられておらず、商取引の実行にあたっては、二者間の契約関係に多くを頼らざるを得ませんでした。このような状況のもと、企業にとって、新たな設備投資などのリスクは非常に高いものとなりました。このため、企業の新規参入や市場取引が活発に行われたにもかかわらず、企業の資本蓄積を通じた大規模化や、生産性の向上をもたらすような技術革新は遅々として進まなかった、というわけです。

村松の一連の考察は、当時支配的だった中国停滞論の制約を受けていたとはいえ、現代経済学でいう「制度の経済学」的な立場から中国経済の独自性を追究した先駆的な研究として、現在でも高い評価を受けています。

## †日本製品のボイコットがはじまる

さて、国内の民族資本がまさに勃興し、ようやくこれから中国も工業化を遂げよう、という気運の中で起きたのが、一九一九年の五・四運動をきっかけとした「日貨排斥運動」、つまり日本製品に対するボイコット運動の広がりだったのです。

ちなみに五・四運動は、その後の中国社会における「大衆運動と暴力」との関係を考える上でも重要な意味を持っています。一九一九年の五月四日、直前に公表されたパリ講和条約の内容に抗議する集会が北京の天安門付近で行われます。数名の学生リーダーが演説を行った後、三〇〇〇人ほどの参加者が主張を唱えながら非暴力的なデモを行います。しかし、デモが多くの外交官が住む公使館区域に差し掛かると、警察との衝突もあってその行動は次第にエスカレートし、二十一カ条要求時の外交担当者だった曹汝霖《そうじょりん》の自宅に押し入り、火を放つとともにそこにいた外交官に暴力を振るうという事件が起きます。その後、暴力をふるった学生を処罰すべきかどうかということをめぐり、北京大学の教授の中でも、侃々諤々《かんかんがくがく》の論争がおこなわれました。

このような群衆による暴力の行使を、「義挙（＝正義のふるまい）」として肯定するかどうか、という問題は、その後も現代中国の歴史の中ではたびたび生じてくることになります。まだ中国社会の中に消えない傷跡として残っている文化大革命に伴う暴力をどうとらえるか、というのもその中の一つです。

近年においても、二〇〇五年に大規模な反日デモが起きた後、その翌年の二〇〇六年に「氷点事件」という言論の自由をめぐる問題が起こっています。これは、中国共産主義青年団中央委員会の機関紙「中国青年報」の付属週刊紙である『氷点週報』という雑誌に、中山大学教授の袁偉時《えんいじ》が、中国の歴史教科書の記述を批判する記事を書いたことに端を発したものです。

中国の歴史教科書では、共産党の公式見解を反映して、「太平天国の乱」や「義和団事件」といった、社会に対して不満を感じた民衆が立ち上がって暴力的な大衆運動に発展した現象を肯定的に書く傾向があります。袁は、「そういう民衆の暴力を肯定する、近代の理念に反した姿勢が文革の惨事を生んだのではないか」という問題意識から、暴力が肯定されるような歴史教科書の記述を厳しく批判する記事を『氷点週報』に発表します。しかし、結果的にその記事が問題になり、この雑誌は停刊に追い込まれてしまいます。こういった現代までつながる問題が、五・四運動の時点ですでに現れていたということは記憶にとどめておいてもよいでしょう。

ただし、五・四運動当時の「日貨排斥運動」は、あくまでも日本からの輸入品のみを対象にしたもので、「在華紡」に代表される中国に進出した日本企業の製品は直接のボイコットの対象になっていませんでした。より正確に言うと、一九一九年当時は在華紡の製品もボイコットの対象にはなっていたのですが、その結果民族紡が生産した綿糸も高騰し、織布業者が抗議したため、事実上ボイコットは成立しなかったようです。

しかし、一九二〇年代に入ると、ボイコットの対象には在華紡製品も含まれるようになり、その運動は次第に過激化して、しばしば日本との「経済絶交」が掲げられるようになっていきます。以下では、一九二〇年代以降、中国市場で次第に影響力を拡大していった在華紡の経営をめぐり、どのような問題が生じていたのかを見ていきましょう。

## 3　在華紡のストライキの背景

一九二〇年代には、前述のような民族資本躍進のほか、日本国内の綿製品市場の縮小や賃金水準の上昇、さらには中国の関税引き上げなどの要因もあって、中国市場を主要な販売市場としていた日本の輸出用綿糸は市場を失い、「在華紡」、すなわち、今でいう海外直接投資による中国進出の形式が一般的になっていきます。第一次世界大戦当時、欧州への綿製品輸出のブームは中国だけでなく日本の紡績業にも大きな利益をもたらしましたが、在華紡の大量進出の背景にも輸出ブームに支えられた日本紡績業の資本蓄積の進展がありました。

在華紡が大挙して進出したのは主に上海と青島で、一九二四年にはその錘数は中国資本の民族紡の半分以上に達しました。中心になっていたのは、日本国内での全錘数の半数以上を占めており、利益率においても他の企業を引き離していた鐘淵紡績、東洋紡績、大日本紡績の三大紡績資本でした。

在華紡は、価格の下落したインド綿花を原料とした二〇番手後半から三〇番手前半の細糸生産と、それを用いた高級織布の生産によって輸入綿糸布との競争に打ち勝ち、次第にシェアを伸ばしていきました。表1-1にみられるように、第一次世界大戦後の中国は綿糸自給率を大きく向上させていくのですが、そこには在華紡の進出が少なからず貢献していました。

## †在華紡が中国経済に与えた意味

従来の中国の公式見解に沿った研究では、在華紡は日本帝国主義の中国進出の一翼を担い、民族資本の成長を圧迫したとして、中国経済に対する負の影響が強調されてきました。しかし、この時期の民族紡が在華紡に一方的に圧迫され、衰退していったという認識は、その後の実証的な研究によって次第に否定されつつあります。

例えば、中国の民族資本企業の実力を高く評価する経済史家の久保亨によれば、上海における民族紡は外国綿を用いた高品質品を全国市場に展開し、内陸部の民族紡も、近接する農村地域から原綿を購入して安価な綿糸を生産し、いずれも比較的高い利益を上げながら規模を拡大していったといいます。また、在華紡との競合や技術協力が民族紡の生産性の向上をもたらした点も指摘されるなど、中国の工業化における在華紡の役割についても再評価が進んでいます。

綿業に限らず、中国企業の経営者はしばしば視察団を形成して、日本国内の企業あるいは中国に進出した日本企業を視察し、経営改革の参考にしようとしました。また、当時の民族紡の関係者には、日本の工業学校や高等工業学校に留学し、そこで学んだ生産技術や経営に関する知識を活かして自らの工場の経営改革に乗りだし、一定の成果を上げた例が多いことも明らかになっています。中でも東京高等工業学校（現在の東京工業大学）の卒業生は、当時の最大の業界団体である「中国紡織学会」の中で一大勢力となっていました。

留学生が中国に持ち帰った経営技術の中には、日本の工場では一般的だった「工場実習」、今で言うOJT（on-the-job training）の実施や、当時の最新の生産設備であった豊田自動織機の管理や取り扱いに関するノウハウも含まれていました。日本資本の紡績工場を訪れた中国人経営者や技術者は、その各種帳簿類の整備、労働者の育成方法、能力給の導入、機械のメンテナンスなどに関する合理性、科学的管理法に強い印象を受けたといいます。

少なくとも、綿業を中心とした軽工業の発展という面に関して言えば、在華紡を含む日本の産業界と勃興期にあった中国の産業界とは、明らかに相互に利益をもたらすウィン・ウィンの関係にあったと言えるでしょう。

### †労働者によるストライキとボイコット

以上のような事情にもかかわらず、在華紡がこれまで一方的に「悪者」とされてきたのは、なぜでしょうか。一つの大きな原因は、近代以降の日本を始めとした列強諸国やその資本の中国進出に対峙する、労働者を含めた中国民衆のナショナリズムの高まりが、中国共産党の唱える「革命史観」の中で、いわば絶対的な「正義」とされてきたことにあります。

もう一つ重要な要因として、当時の紡績工場が現在と比べてもはるかに労使対立の激しい現場であったこともあげられるでしょう。在華紡でも、工場における劣悪な労働条件に職工たちが反発し、大規模な労働争議がたびたび生じました。そこに中国共産党などの政治組織が介入することにより、労働争議は往々にして「反帝国主義資本」のための闘争、という性格を帯びたのです。

そういった、在華紡を中心に生じた労使間の対立が表面化した大規模な労働争議のなかでも最も大規模なものが、一九二五年に生じた「五・三〇事件」です。これは、当時の上海における代表的な在華紡「内外綿」で生じた労働争議を発端として、上海における在華紡の工場が長期間にわたるストライキと製品ボイコットによって大打撃を受けたものです。

内外綿におけるストライキは、同年二月に日本人工場長が若い女工を勤務態度が悪いとして殴るなどの高圧的な態度をとったことに対し、抗議した約五十名の職工が解雇されたことをきっかけに、次第に会社全体に広がっていきました。

会社側も、工場をロックアウトするなどの強硬的な手段でストライキに対抗しようとしますが、事態は収まらず、他の在華紡の工場にもストライキの動きは広がります。中でも、豊田紡織の工場では外部の群衆が工場内に流れ込み、職工とともに工場内の設備を打ち壊したり、工場内に火をつけたりといった暴挙に及び、死者を出す騒ぎとなっていきます。

こういった、時に暴力行為を伴った在華紡での大規模なストライキは、その後いったん収束しますが、労使間の一触即発の状態は続いていきます。また、共産党の影響下にあった上海の大学生らが「帝国主義資本」による労働者の弾圧に反対してデモなどの抗議活動を行い、それを取り締まろうとする租界警察との間に緊張が高まります。

そして五月三〇日には、日本製品のボイコットや逮捕された学生の解放を訴えデモを行っていた約二千人に対して上海租界の警察官が発砲したことをきっかけに、デモ隊との間に乱闘が生じ、一三名の死者が出る惨事に発展します。この事件が上海だけでなく各地の労働者、学生、商人たちの怒りを呼び起こし、工場だけではなく学校や商店なども含めた大規模なゼネストによる抗議運動が展開されます。

この五・三〇事件は、中国共産党だけではなく、それと対峙していた国民党の側からも、外国資本による収奪に立ちあがった労働者と学生による革命的な運動として、非常に高い評価が与えられてきました。一方、当時の在華紡関係者は、この事件を、中国側が国権回復のために起こしたもので、ストライキについても、当時工場内に入り込んでいた共産党員の指導によって行われた、意図的な政治事件であると見ていたようです。言い換えれば、自らの経営方針が招いた労使対立が原因で起こったとは見なしてはおらず、そのため強硬な態度に出て、問題をより大きくしてしまった側面があるわけです。

もっとも、当時多発していた日系企業における労働争議が、共産党や国民党によって組織的に「動員」されたものだったのは事実のようです。中国近現代史が専門の衛藤安奈は、共産党などが労働者を「動員」する際には、当時上海の裏社会を取り仕切っていた青帮《ちんぱん》などのネットワークを積極的に利用していた、という興味深い指摘を行っています（『熱狂と動員』）。青帮は、雇用仲介者である「包工頭《ほうこうとう》」（後述）と彼らが集めてきた職工との間の「親分－子分関係」をうまく利用し、在華紡の経営に不満を持つ労働者の大規模な動員を可能にしたようです。当時の労働争議がしばしば暴力的でマッチョな性格を帯びたのは、その動員にあたってヤクザの世界にも通じるホモソーシャルな人間関係やネットワークが利用されたことと深くかかわっていたのです。

衛藤は、当時中国で多発していた労働争議がこのような「親分－子分関係」に基礎づけられた「孤立した集団」によって担われていた以上、そこから外部に開かれ、理性により問題を解決する「公共圏」につながる動きが生じることは困難だった、と指摘しています。

## †原因は「日本的な労務管理」？

一方で、当時の在華紡の経営において、職工たちの不満が爆発するような要因があったことも指摘しておかなければなりません。例えば、日本では一九二九年から改正工場法によって女工の深夜労働は禁止されていたのですが、在華紡では昼夜二交代制を採用し、中国人女性にも深夜労働を行わせました。中国政府も一九三一年に工廠法を施行し、このような女工の深夜労働を規制しようとしますが、実効性はなかったと言います。

在華紡における労使間の問題を考える上で重要なのは、在華紡が生産効率を上げるために、中国の伝統的な労働慣行とは異なる労務管理の方式を導入したという点です。当時中国の代表的な労働慣行では「包工頭」と呼ばれる請負人が、企業側から依頼を受けて個人的なネットワークを辿って人員を募集する「工頭制」が一般的でした。

話は少しそれますが、「包工頭」に含まれている「包」という言葉は現在の中国でもよく使われるもので、もともと「ある仕事を第三者に丸投げすること」というほどの意味をもちます。戦前から戦後にかけて活躍した社会学者の柏祐賢は、この「包」という概念の中に中国社会の構成原理を説くカギがある、と考えて、詳細な考察を行っています。

ある仕事を中間業者に丸投げすることにより、元請け業者は仕事に伴うリスクを回避することができます。また、中間業者の方は一定の金額で請け負った仕事が完成すれば、その方法などは自由にまかされていたので、才覚次第で利益を上げることもできます。いわば、リスクとリターンを交換するような契約の仕組みがそこでは見られるわけです。戦前の労務管理における工頭制度も同じでした。このやり方では労働者の募集を請け負う「包工頭」ができるだけ安い賃金で職工を雇おうとするため、職工にとって賃金面での条件は決してよくありませんでしたが、反面、工場の労務管理もそれほど厳しくはなかったようです。工頭制が一般的だった民族紡では、職工たちが工場内で談笑したり、時間外に食事をしたり、工場内で子供をあやしたり遊ばせるという光景がよく見られたという報告が残っています。

それに対して、内外綿などの在華紡企業は、包工頭による中間的搾取を嫌って企業が職工を直接募集し、工場の監督も日本人が行う直轄制を採用しました。同時に、後述するような中国人の役付き労働者を通じ、徹底した労務管理によって効率性の向上を図ったのです。この徹底的な効率性追求による生産性の高さのために、在華紡は民族紡に対して競争面で優位に立ったのですが、反面、職工たちの不満が中間で吸収されず直接工場側に向けられたため、何かきっかけがあればストライキに代表される労使紛争が生じかねない状態が生じていました。また、直轄制の採用によって自分たちの利権が奪われることに脅威を感じた包工頭たちも、「子分」である職工たちの不満を煽る形で労働争議に「動員」していったことは、すでにみたとおりです。

在華紡の厳しい労務管理に対する職工の反発は、現代の日系企業で、一つ一つの製造に細心の注意を払い、4Sとか5Sなどの労務規則を遵守させることを義務づける厳しい労働環境に、若い中国人労働者がストレスを感じるのと同じ構図があると言えるかもしれません。中国の工場を調査して新世代農民工の心情に迫ろうとしたジャーナリストの福島香織は、次のような日系企業での労働経験のある女子労働者の声を紹介しています（『中国絶望工場の若者たち』）。

（日系の工場では）私たちワーカーは、ライン長とも工場長とも経理とも、ほとんど口を利かなかった。没交渉よ。お互いのこと、ぜんぜん知らないのよ。だから、私が、腕が腫れて痛いと訴えても、すぐサボる気だと思い込んだ。それにワーカーに仕事を怠ける現象が起きるのは、管理のやり方が暴力的だからよ。一分遅刻したら罰金一元、トイレが一分長いと罰金一元、居眠りしたら一元罰金。なんでも罰金、罰金。だから、もっと私たちのこと、よく見て、心がある人間として扱ってって（日系企業の関係者に）伝えておいて。

彼女の言葉、特に最後の「心がある人間として扱って」という訴えは、前述の五・三〇事件のきっかけとなった一九二五年二月の内外綿で生じたストライキの際に、職工たちがビラに書いて配布した「要求」の内容を思い起こさせるものです。

一、労働者を今後殴打しないこと
二、賃金を一割上げること
三、解雇された労働者を復職させること
四、賃金は二週間毎に支給すること
五、ストライキ期間中の賃金を支給すること
六、理由なく労働者を解雇しないこと

NHKに、歴史上に名を残すことなく消えていった人々の暮らしの様子を、未来世界からタイムトリップしてきたリポーターが取材して記録に残すという趣向の『タイムスクープハンター』という番組があります。もしタイムスクープハンターが一九二〇年代の在華紡の工場に潜入して、このビラを書いた人物にインタヴューすることができたとしたら、上記の女子労働者と同じような「現場の声」を聞くことができたかもしれません。

当時の在華紡の労働現場に関しては、もう一つ注意すべき点があります。それは、在華紡企業が採用していた日本的労務管理の中で、重要な役割を果たしていた末端管理層としての中国人役付き労働者の存在です。前掲書の中で福島は、現在の日系企業でも、中国人の習慣をよく知る中国人管理職はむしろ日本人管理職よりも厳しい労務管理を行い、中国人ワーカーから恨みを買うことも多いことを指摘しています。

同じような現象が戦前の在華紡でもみられたようです。例えば、一九二六年の三月に内外綿で発生したストライキでは、職工たちが賃金の値上げとともに「特選工」と呼ばれる中国人役付き労働者の一斉解雇を条件として掲げていたといいます。こうした背景もあって、次第に「特選工」の数が減らされ、より下位職級にあたる「役付工」の職務範囲が拡大し、その増員が図られるようになります。

これらの過程を経て、一九三〇年代の内外綿では日本人職員－「特選工」－「役付工」－一般労働者というヒエラルキーが成立していきました。つまり、在華紡の経営者は、直接労働者を厳しく管理するのではなくて、日本人の味方に立つ中間層の中国人を選び出して、彼らを矢面に立たせてきたわけです。

また在華紡の経営陣は、度重なる労働争議に頭を痛める中で、その動員に一役買っていた青帮などの裏社会ネットワークを逆に自分たちの方に取り込み、職工のリクルートと世話を彼らにゆだね、労使紛争の仲介役を果たしてもらうことを期待するようになります。つまり、労使紛争や日貨ボイコットの嵐にさらされた在華紡は、当初の日本式の労務管理を少しずつ修正し、中国社会に適応した方式へと現地化を図ることで、ようやく労使関係の安定をみたというのが実情のようです。

このように、当時の在華紡をめぐっては、単に金銭的な労働条件の問題にとどまらない、日中の労働慣行の違いにも起因する複雑な労使間の利害の対立が生じていました。そこにナショナリズムという要素がからむことにより一層こじれていったことが、この時期に多発したストライキや日本製品ボイコットの背景にあるとみてよいでしょう。

## 4　在中日本人のなかの捻じれ

### †「会社派」と「土着派」

前節で見たとおり、在華紡などの繊維産業を初め、戦前の中国において近代的工業が圧倒的に集中していた大都市が上海でした。上海は同時に、中国にとって完全な「国内」ではなく、中国国内の法律が及ばない共同租界としての特異な地位を占めていました。すでにみた五・三〇事件のような在華紡における労働争議に端を発したデモも、租界における英国人警官が参加者に発砲した事件を境に、労働問題を超えた大きな問題となっていきます。その背景には、共同租界というそれこそ「半植民地的」な状況の中で繁栄を遂げていた、当時の上海市民の屈折したナショナリズムの現れをみることができるでしょう。

さて、共同租界としての上海が「屈折したナショナリズム」を生み出したのは、何も中国人の間だけではありませんでした。上海を中心とした在華紡の大量進出は、それに伴って現地で生活する居留民の増加をもたらしましたが、それらの居留民は決して「日本人」

とひとくくりにされる一様なものではなく、そこには厳然たる階層性が存在していたからです。

それを端的に表わすのが、上海居留民の就業形態にみる「会社派」と「土着派」という、二つの階層の存在です。ここでいう「会社派」とは、高級官吏のほか、日本国内に本拠を置く有力企業、金融機関の上海支店や在華紡など、いわゆる経営の安定した大企業のホワイトカラーを指しています。一方の「土着派」は、より経営の不安定な、上海に基盤を置いた中小の企業経営者や商店、飲食店、旅館、その他の零細業者などを指す呼び名でした。この二つの階層は、「会社派」が旧イギリス租界に居住し、「土着派」が虹口《こうこう》、閘北《こうほく》に居住するなど、住居もはっきり分かれていただけでなく、二、三年ほど上海に滞在すると欧米の大都市の支店長に「栄転」していく前者に対し、後者にはより長期滞在者が多いなど、「中国社会」に対する接し方も対照的なものでした。

このように厳然たる「階層社会」であった当時の上海において、居留民の「ナショナリズム」も、それぞれの日本人が位置する「階層」において、異なる現れ方をみせていました。

ノンフィクションライターの安田峰俊は、戦前の上海社会における「会社派」と「土着派」を、現代の中国社会で働いている日本人になぞらえながら、興味深い指摘を行っています(『和僑』)。安田は、組織に生きるエリートサラリーマンであった「会社派」の人々を、現代の上海において会社に守られ、高層マンションに住み、子供を日本人学校に通わせながら同じような境遇の人々の中で交際をする現地駐在員の「元祖」のような存在ではなかったかと指摘しています。彼らは、現代の駐在員と同じように、赴任先である中国に特別の思い入れも持っていない代わり、「暴支膺懲《ぼうしようちよう》(=中国にガツンと言ってやれ)」という日中開戦前夜に盛り上がった風潮にも一貫して冷ややかではなかったか、というのが彼の見立てです。では、当時国民感情の対立を背景に「開戦やむなし」という風潮を煽るような言動を行ったのはどういう人々だったのでしょうか。安田は次のように書いています。

むしろ、「支那には四億の民が待つ(=これからは中国の時代だ)」と欲望に目を輝かせていたベンチャー志向の人や、中国社会を理解しているつもりの自称「中国通」や、中国人を排斥して自己実現を図るタイプの愛国者や、自社の都合次第で国益を無視した対中政策を平気で支持した財界人や、時流におもねって適当な中国論を垂れ流したメディアの関係者といった人たちの方が、後世から見てよっぽど重大な責任を問われて然るべき言動をしていたのだ。

近代日本経済史が専門の石井寛治によれば、在華紡の関係者に代表されるエリートサラリーマンであった「会社派」は、当初日貨排斥などのナショナリズムに対して、基本的に慎重論をとっていました。それが、満洲事変を一つのきっかけとして、最終的に、中小の商工業者を中心とする「土着派」の強硬論に押し切られていったようです。その理由について石井は、「排日貨を軸とする対日経済絶交運動が、「会社派」の企業に対してもさまざまな打撃を与えるようになったという事実が横たわっていた」と述べています（『帝国主義日本の対外戦略』）。

一方、日本の新聞メディアも、「日貨排斥」を掲げたボイコットや在華紡における職工のストライキを、労使間の矛盾によって読み解くのではなく、生意気な中国が善意の日本企業に刃向かっていく、といった図式によって切り取り、煽情的な記事を盛んに書き立てます。この辺の構図は現在とよく似ているのではないでしょうか。

その中の一つ、大阪毎日新聞一九二八年五月の「支那の排日と経済絶交——自瀆的排日の煽動」という記事を引いておきましょう。

支那は世界のだだっ児だ。このだだっ児につき合うには抱《かか》えれば下りようとするだだっ児心理を熟知せねばならない。隣邦支那へ対する第一の道はその性情を知ることである。その実体を究めることである。

相手を知ることはこれを制する捷径《しょうけい》だ。支那が如何に動き、また動かんとするかを究めるより支那を制するよりよき途はない。


記事のタイトルにある「経済絶交」というのは、在華紡のストに参加した労働者ならびにそれを支援した知識人が掲げた、単なる製品のボイコットを超えた、現在で言うと「経済制裁」に近いものです。現在でも日本と中国・韓国などとの間で領土問題などが加熱すると、「経済関係も含めて国交を絶つべきだ」といった過激な意見がしばしば両国の間で沸き上がるという現象がみられます。

こうしてみると、当時の日中関係を経済関係を中心にみたとき、その相互利益にもかかわらず生じた激しい摩擦は、労使の対立とナショナリズム、そしてそれを煽るジャーナリズムとが複雑に絡み合う形のものであったことがわかるでしょう。そして、この構図は、近年尖閣問題を原因として燃え上がった日中間の摩擦とある意味非常に似かよっていることにも、思わずハッとさせられます。

## †ナショナリズムによる捻じれた理解

さて、一九二〇から三〇年代の一連の在華紡におけるストライキや労使紛争について現時点から振り返るとき、どういった点に注目すればよいのでしょうか。まず、押さえておかなければならないのは、労使間の激しい紛争という現象は、決して在華紡に特有のものではない、普遍的な現象だったということです。それが、日本の中国侵略とそれに対するナショナリズム、すなわち政治問題が絡んだために複雑化し、より深刻な問題になったという側面があるわけです。例えば久保亨は、青島の民族紡（華新紡）と、在華紡双方における労使紛争の状況を比較して、次のように述べています（『戦間期中国の綿業と企業経営』）。

民族運動に影響される機会が多い在華紡の方がストライキの規模や回数は、（民族紡の）華新紡を上回っていた。しかしながら、むしろより重要な意味を持つ事実は、労働者の工場間移動と資本間競争の存在とによって、華新紡と在華紡のそれぞれの労使関係の展開が、相互に密接に影響しあっていたと見られることである。（中略）外国資本工場と中国資本工場の労使関係や労働条件の間に、隔絶した差異を想定することは適切ではない。

また、民族紡の関係者が技術、経営のノウハウの面で在華紡や日本の紡績工場から多大な影響を受けていたことはすでに見たとおりです。このように日中の紡績資本に深いつながりがみられることと、在華紡で職工たちと会社側との間に激しい対立が生じたこととは、相互に矛盾するものではありません。むしろそのことは、在華紡経営陣が中国政府とも協力しつつ労使交渉にきちんと取り組むことで、問題を解決に導く可能性があったことを意味します。

日中双方にとって不幸だったことは、当時中国の内外で高まりつつある政治的な緊張がそれを許さなかったことです。こう考えたとき、中国共産党の公式見解にも影響されて、日本の学術界でもながらく在華紡が労使問題の視点からというより「帝国主義勢力の手先」として全面的な否定の対象になってきたことは、むしろ問題の本質を見誤らせるものだったといえるでしょう。

　さて、上述のような上海をめぐる日本人商工業者と現地の商工業者との共存関係も、一九三一年の満洲事変と一九三二年の上海事変によって大きく変化します。このあからさまな侵略行為に抗議するために、これまでにも増して激しい日貨排斥や、在華紡におけるストライキが生じるからです。そこに政権党となった国民党も積極的な介入を行い、ナショナリズムに裏付けられた「抗日運動」としての色彩が明確になっていくのです。

　一方、現在の日中関係については中国国内のナショナリズムの高まりが直ちに「経済断交」ともいうべき断絶状態をもたらす危険性は、かなり低いと言っていいでしょう。戦前期と比べて、現在の状況は産業構造が非常に複雑化していて、一つの製品の中でどこまでが日本製品か中国製品かわからないような入り組んだ状態になっています。このため、単純に日本製品をボイコットして、民族資本を守るというロジックは成り立たなくなっているからです。

　また、現代のグローバル化する経済における資本と労働者との対立を考えたときに、その資本がどこの「国籍」であるかということはほとんど意味を持たなくなりつつあります。二〇一三年四月に現代の代表的な衣料メーカーであるファーストリテイリング（ユニクロ）が「世界同一賃金」の方針を打ち出して大きな反響を呼んだことは、その典型的な事例だといえるでしょう。

ただ、楽観できないのは、在華紡のケースがまさにそうでしたが、こと話が近代化以降の日本と中国になると、ナショナリズムの問題と労使間の対立とが結びついてしまう可能性が常に存在していることです。ナショナリズムの問題は、一時は激しく燃え上がっても、合理的に考えればやがて冷めていきますが、労使間の対立は現在の中国および世界経済の構造的な問題に起因しますから、今後も尾を引いていく可能性があります。

日系企業の経営者が目の前の労使間の問題に真摯に向き合い、長い目で労働者を大事にしていくような経営をしていくこと。それが、ナショナリズムと労使間の対立とが結びつきがちな中国との経済関係において、問題をこじらせないための最も重要な鍵なのではないでしょうか。

第二章
# 統一に向かう中国を日本はどう理解したか

幣制改革を主導した宋子文（写真は国民政府財政部長時代のもの）

一九二八年の南京国民政府による全国統一を契機に、中国が「国民国家」「国民経済」の建設を本格的に進める中で、日中両国のナショナリズムが激しく衝突するようになると、次第にこれまでの相互依存的な経済関係を維持することが困難になってきます。本章では、その際の日中両国における実際の経済だけではなく、当時の知識人が、両国の経済や社会の変化について、どのような認識を持っていたか、という点にも注意を向けていきたいと思います。

一九三〇年代は、日中両国において、自分たちを取り巻く「社会」にはどのような特徴があるのか、すなわち欧米社会とはどのように異なる性質を持ち、異なる発展を遂げる可能性があるのか、というテーマをめぐって知識人たちが盛んに議論する、ということが行われた時代でした。

その一つの背景として、一九二九年の世界大恐慌後の混乱した時代の中で、これまでの資本主義的な発展に対する閉塞感が強まり、マルクス主義経済学のような社会の大きな「変革」を目指す議論が力を持った、ということがあげられます。また、これまで推し進めてきた近代化や経済成長が一段落し、このまま欧米に追随する方向を進んでいっても大丈夫か、という「迷い」が生じてきたということも指摘できるでしょう。中でも有名なものが、日本社会の資本主義的発展の「後進性」をめぐってマルクス主義者同士の間で争われた「日本資本主義論争」です。

また中国でも、国民党政府が、関税自主権を回復して保護貿易を行うという、経済ナショナリズムに裏打ちされた発展戦略を打ち出します。同時に、拡大する国内の貧富の格差を背景に、労働者や貧困層の不満をすくい上げる形で共産党が次第に勢力を伸ばし、知識人がマルクス主義的な視点から盛んに中国の社会や歴史を論じるようになりました。

そんな中で、日中間の経済関係もナショナリズム、そしてマルクス主義に代表される左翼思想の影響を否応なく受けることになります。一面ではそれが、日本製品のボイコットや中国に進出した在華紡におけるストライキという形で現れたことは、前章ですでに見たとおりです。

また、社会や経済の現場から一歩離れた高所で日中関係を語る日本の「論壇」では、「なぜ日中はうまくいかないのか」「うまくいかないのは中国が近代化していないからではないか」「別に中国と付き合わなくても日本は何とかやれるのではないか」といった侃々諤々の議論が行われました。そういった当時の「日本からみた中国論」の代表的なものが、本章でくわしくとりあげる「支那統一化論争」です。

以下では、そういった国民政府成立以降の中国のナショナリズムの高まり、それを受けた日中摩擦の表面化、そしてその中で改めて問われた「中国という隣人をどのように理解し、どう付き合っていくか」という知識人たちの議論などに焦点を当てながら、当時の両国の経済関係について振り返っていきたいと思います。

## 1 国民政府の成立と日本の焦り

まず、南京国民政府が統一政権を樹立する前の、いわゆる北京政府時代の中国の政治経済がどのような状況にあったか、少しおさらいしておきましょう。北京政府期の中国は、軍事力を背景にした地方勢力、いわゆる「軍閥」による地方分権的な統治のあり方によって特徴づけられます。各地方におかれた軍の司令官（＝督《とく》軍）は、形式上は中央から任命された官僚だったのですが、同時にその地域の有力な政治家として「保境安民」をとなえ、教育・衛生、産業振興などの近代化政策をさかんに行いました。

こういった北京政府期の「地方分権」的な性格は、中央－地方間の財源配分に端的に現れています。相対的に弱い統治力しか持たない中央政府のもとで、このような地方勢力が財政的に自立し、勝手に財政政策を行ったり紙幣を発行したりする、という状況が広くみられたのです。その中には東三省（＝奉天・吉林・黒龍江の三省）、すなわち満洲を統治した張作霖《ちょうさくりん》のように、独自の財政改革によって財政的基盤を固め、勢力を拡大する軍閥政権も台頭しました。張作霖は、『中原の虹』や『マンチュリアン・リポート』といった浅田次郎の小説にも登場しますので、日本でもなじみの深い人物かもしれません。

また、この時期の中国の通貨制度はというと、海外から流入してきたメキシコドルなどの「洋銀」や、中国政府が鋳造した袁像銀元（＝袁世凱の肖像を刻印した銀貨）に各地方勢力が鋳造した銅銭、各省の政府機関が発行する紙幣（＝官帖）、さらには地方銀行が発行する各種紙幣など、地域によって異なる形態の貨幣が流通するようになります。

例えば、張作霖の支配していた東三省で発行された奉天票は、政権の統治能力と堅実な財政を背景に、比較的広い地域で流通していました。このような多種多様な通貨が共存し、お互いに複雑な相場を形成するという状況を、当時の日本人は「雑種幣制」あるいは「貨幣制度の紊乱《びんらん》」と呼び、国家としての統一がとれていない前時代的なものとして一段低く見ていたのです。

しかし最近の研究によれば、当時の地方勢力により発行された通貨や紙幣は、その価値が事実上の本位通貨である銀との兌換性《だかん》によって支えられており、必ずしも無制限に発行されたわけではありませんでした。つまり、「雑種幣制」と称される状況は、地域経済圏の統合が強まる中で、袁像銀元やそれと兌換性を持つ政府系紙幣が広い範囲で流通していくという、実質的な銀本位制に近い制度という側面を持っていたのです。

ただし、このような各地方勢力が独自の財源をもって財政政策を実施し、紙幣まで発行するという経済体制には、大きな問題がありました。このような状況の下では、中央政府がその時々の経済の状態に応じて紙幣の流通量を増やしたり、公共事業などの財政刺激策を実施したりする、マクロ経済政策というものを行いえないからです。

## †北伐の成功と国民国家の形成

しかし、状況は蔣介石が権力を掌握した国民党による、北京政府を支えていた軍事勢力との戦争、いわゆる「北伐」の成功によって大きく変化します。まず蔣介石は、一九二七年四月の上海クーデターにより、それまでの共産党との共闘関係を解消します。当時国民党内には、コミンテルンの指示による国共合作により、共産党員籍を維持したまま内部に入り込んでいる党員がかなりの程度存在していました。蔣介石にしてみれば、国民党内に知らない間に党員として潜り込み、次第に勢力を拡大しつつあった共産党勢力は大きな脅威でした。蔣介石は、党内にいる共産党員を洗い出し、その多くを処刑したり投獄したりするという手荒な手段でその勢力を一掃してしまったのです。

さて、一九二八年に北伐が成功裏に終結し、蔣介石によって南京に統一政権が成立すると、中国は国民の中に形成されつつあったナショナリズムの高まりをうけて、「国民国家」の形成をそれまでになく明確な形で目指すことになります。それは経済諸制度の改革においても例外ではありません。

まず、一九二八年から三〇年にかけて、国民政府は宋子文《そうしぶん》財政部長が中心となって米、英、日などとの個別交渉を行い、ついに関税自主権の回復に成功します。ちなみにこの宋子文の生まれた宋家は、南京国民政府の中で権勢をふるい、「四大家族」と呼ばれた名門です。「宋家の三姉妹」として知られる宋靄齢《あいれい》・宋慶齢《けいれい》・宋美齢《びれい》は、彼の実の姉妹です。

関税自主権の回復と、それに基づく保護関税政策によって、一九三〇年代には中国の平均輸入関税は大きく引き上げられます。このような関税自主権の回復を背景に、国民政府は、繊維製品を中心とした軽工業部門の輸入代替工業化――それまで輸入に頼っていた工業製品を国内で生産できるようにすること――を推し進めたのです。その動きに呼応するように、国民政府は近代的な会社法に相当する「公司法」を成立させます。当時の中国では、出資者が無限責任を負わされる「合股制《ごうこ》」と呼ばれるリスクの高い投資形態が一般的でした。リスクの高さゆえになかなか投資資金が集まらず、投資家への誘因として高い配当を保証したため、企業の経営は圧迫されました。公司法の成立は、このような合股制に代わる株式会社、合名会社などの近代的会社組織の増加、並びに組織の強化に制度面から寄与しました。

### †財政再建の二つの動き

国民政府の行ったもう一つの重要な改革は財政の中央集権化です。北京政府の時代は、各省が徴税した財政収入の一部を送金し、残りを省政府の財政資金として滞留させるという、清朝以来の伝統を受け継いだ財政制度が採用されていました。北京政府も、中央と地方の財源を明確化する「国地財政劃分《こくちざいせいかくぶん》」政策の実施など、再三にわたり財政の規範化を図りました。しかし、権力基盤の脆弱な北京政府の下では、地方の軍事勢力による強い抵抗にあい、中央集権的な財政改革は果たせませんでした。こういった地方勢力は、遠隔地間の商品流通が拡大する中で、「釐金《りきん》」と呼ばれる一種の通行税を課して、それを重要な財源の一つにしていました。このようないわばインフォーマルな税の存在が、商品の全国的流通が妨げられる元凶になっていたのです。

国民政府は、地方に対する軍事的な優位を背景に、悲願であった「国地財政劃分」を実現します。同時に、商品流通の障害となっていた釐金の廃止も決定します。釐金廃止後の地方の主要な財源としては田賦《でんぷ》（＝農民にかかる人頭税）と営業税が当てられることになりました。この一連の財政改革を経て、国民政府は、中央の財源と地方の財源とを分けて徴収する国地財政劃分を、中央の財源を拡大する形で実現したのです。

財政面でのもう一つの大きな変化は、政府系金融機関が国内債を引き受けることにより、財政赤字を穴埋めする方法が確立したことです。すでに北京政府時代の一九二〇年代より、それまで主流だった外債（＝海外で起債・消化される政府債券）に代わり、関税収入を担保とした国内債の発行が増え始めていました。国民政府は、基本的にその体制を受け継ぎつつ、関税収入を一九二八年に設立された中央銀行に集中させることで、より安定的な国内債の発行を可能にしたのです。

そこで重要な役割を果たしたのが、いわゆる「浙江財閥《せっこう》」と呼ばれる、上海を拠点に活躍した浙江・江蘇両省出身の金融資本家たちでした。このような名前で呼ばれるのは、当時の一大経済都市であった上海財界の重鎮たる金融業者や商工業者の大部分が、浙江省出身者で占められていたからです。浙江財閥は国民党と深い関係を持ち、国民政府の国内債を積極的に引き受け、国民政府主導の輸入代替工業化を資金面で支えたのです。

中国共産党による「革命史観」が影響力を持っていた戦後の日本の歴史学では、国民党政権は浙江財閥・四大家族に代表される英米資本と結びついた「買弁《ばいべん》資本」によって牛耳られた「官僚資本主義」的な政権であり、労働者や農民を窮乏化に追いやったとして、否定的にとらえられていました。しかし、その後の研究によって、南京国民政府は、それまでの「弱い」北京政府ではなしえなかった近代的な資本主義の建設を目指した政権として、その積極的な役割が評価されるようになっています。もちろん、蔣介石率いる国民党には、共産主義者に対する徹底的な弾圧に代表されるように、独裁的な性格があったのも事実です。ただそれは、むしろ今日でいう「開発独裁」、すなわち経済開発優先の権威主義的政権の一つの側面として理解できるように思います。

## †国民政府のナショナリズムへの焦り

一方で、二〇世紀初頭の日本では、朝鮮半島を植民地にした後、さらにロシアの脅威に備えるための防波堤として南満洲と内蒙古東部、いわゆる「満蒙」を位置づけたいという議論が次第に大きな力を持ってきていました。ですから、そういった対中強硬策をとる日本の軍部や政治家にとっては、北京政府時代の、「軍閥」が割拠し統一された政権がなかなか形成されない状態は、満蒙に進出し、権益を確保する上で非常に都合のよいものでした。裏返せば、国民政府のような強固なナショナリズムに支えられた統一政権が成立したことは、彼らにとって大きな「誤算」でありました。

北伐から国民政府成立にかけてのナショナリズムの高まりは、それまで日本が権益を主張してきた満洲を、はっきり中国の一部として認識し、国民国家への統合を目指す姿勢を明らかにしました。しかも、その国民政府を欧米列強は、日本の進出を牽制する意味からも中国の正統的な政権として認める姿勢を明らかにしていましたから、このままでは満蒙における日本の「特殊な地位」が脅かされることは目に見えていました。

このため焦った関東軍は、鉄道建設において満鉄と競合する「平行線」を敷設するなど、日本の満洲進出の障害になるとみなされた張作霖を爆殺し、満蒙を中国本土から強制的に切り離そうという暴挙に出ます。しかし、そのもくろみは政友会の田中義一《ぎいち》内閣の崩壊、張作霖の息子である張学良の反抗により失敗します。このような日本の安全保障にとっての懸案だった「満蒙問題」を一気に解決する手段として、来るべき世界総力戦を想定した国防国家の建設、そのための軍事・経済拠点として満蒙全域の支配を目指す、「満蒙領有論」が石原莞爾《かんじ》ら関東軍の将校たちにより唱えられるようになりました。そして、それは一九三一年における満洲事変として現実のものになるのです。

## 2 満洲事変以降の路線対立

二〇世紀初頭における中国大陸への日系資本の進出は、大まかに言って上海周辺に進出した在華紡のような軽工業と、満洲に進出した鉄道インフラや鉄鋼業などの重化学工業の二つの流れに分けることができます。ちなみに石井寛治は、前者を「在華紡路線」、後者を「満鉄路線」と呼んでいます。

前章でみたように、在華紡は工場における労使対立を通じてたびたび中国社会のナショナリズムをかき立てるという面もありましたが、基本的には、中国の近代的な工業化および経済発展に寄与してきた、と言えるでしょう。さらには、中国企業に比べて、東南アジアなどの市場を切り開き、結果として中国製品の輸出先を増やした功績も見逃せません。

一方、日本の国防上の戦略と深いつながりを持った後者のような重化学工業開発が中国の経済発展にどの程度貢献したのかどうか、はより難しい問題です。実際のところ、この点に関して専門家の間でもはっきりとした評価は定まっていません。

## †日本主体の満洲開発

ここで、満洲事変の背景になった日本の満洲開発について、少し述べておきましょう。日本の鉄鋼・鉄道に代表される重化学工業資本の中国進出は、日露戦争により日本が旅順・大連など東北地方の租借権と東清鉄道南部支線の財産および付属地を継承したことにはじまります。その後、一九〇六年に満洲開発の国策会社として南満洲鉄道株式会社、いわゆる満鉄が設立されます。さらには日露戦争後の一九〇七年に日本はロシアと、満洲における鉄道と電信の敷設権を南北で分け合うという秘密条約を結び、満鉄がらみの利権をいわば大国ロシアのお墨付きで認めてもらう形になります。

満鉄事業の中心は鉄道経営で、そのほか鉄道関連事業として撫順《ぶじゅん》炭鉱や煙台《えんたい》炭鉱などの鉱山、水運、電気、倉庫、不動産などインフラ関連事業を幅広く展開するようになりました。このように満鉄は、資源に乏しい日本経済の発展、とりわけ重化学工業発展のための資金を提供する役割を担ったのです。

満洲における日本の工業投資は、一九二〇年代までは、南満洲鉄道株式会社を主体に、運輸と鉱業を中心に展開していきます。その結果、満洲では、石炭および食用油や肥料（油粕）の原料として重用された大豆の生産力が著しく成長し、交易規模を拡大していきました。こういった一次産業の成長は、日本国内から満洲への移民を引きつけ、さらには満洲の消費財を供給する商人のネットワークを広げる役割を果たします。しかし、一九三一年の満洲事変とその後の経済のブロック化は、結局のところ日本－満洲－中国各地を結ぶ経済的なネットワークを引き裂いてしまいます。

また、日本が官民で推し進めた満洲の重化学工業開発は、在華紡のような軽工業に比べて経済効率は高いものではありませんでした。例えば、在華紡が一九三〇・三一両年において二〇％の高利益率を挙げていたのに対し、満鉄の利益率は二九年の一二％から、三〇年の六％、三一年の三％と急落し、三二年には赤字決算に転落しました。

しかし、実際には在華紡を含めて中国に進出していた日系資本は中国との協調路線を支持することなく、一九三一年の満洲事変とそれを決行した軍部の強硬路線を支持するようになっていきます。その背景には、上海における日本商工会議所などで、満洲事変後の排日運動――デモ、ストライキやボイコット――の高まりによって経営の危機に瀕していた中小企業――いわゆる「土着派」――が中心となり強硬な対中策を展開していったことが指摘できます。これらの強硬派は、早期に満洲事変を解決して上海への影響を防ぐという打開策を生ぬるいと考え、排日運動やその支持勢力そのものをさらなる武力行使によって排除すべし、という意見に傾いていきました。当初穏健な姿勢を取っていた大手在華紡など「会社派」の経営者も、激化する排日運動や日貨排斥による打撃が深刻化するにつれ、次第に「土着派」の強硬論に押し切られていったのです。

## †軍部と結びついた満鉄系資本の台頭

鮎川義介《ぎすけ》によって経営された満業（＝満洲重工業開発株式会社）に代表される日本の資本は、満洲の経済開発を行うに当たって米国からの資本流入を利用しており、その意味では「経済国際主義」に立っていた、という見方も可能です。ただ、結果としては「満鉄路線」による資本進出は、在華紡のような対中協調的な中国進出の道を閉ざすことにつながったと言わざるをえません。満洲事変によって、中国全土における日貨排斥運動に一層火がついてしまったからです。

満洲事変とその後の満洲国の成立は、この地域と中国の他地域（＝関内）との貿易を著しく減少させました。国民政府の保護関税政策により、「外国」となった東三省、すなわち満洲との交易にも高関税が課せられたからです。そして在華紡に代表される、相対的に自由貿易・相互利益追求の傾向を持っていた資本家は、大陸への軍事侵略とより深く結びつき、統制経済的な傾向を持つ満鉄系の資本家に対し、屈服して行かざるをえなかったのです。ここに、「政治的価値の優位を前提としてしか自らの経済的価値を主張しえない」「日本型ブルジョワジー」に固有の限界があったと言わざるをえません（石井寛治『帝国主義日本の対外戦略』）。

一方、そのような政治経済の動向に警鐘を鳴らしたのが、経済問題に明るいジャーナリストの石橋湛山でした。『東洋経済新報』の主筆であった石橋は徹底した自由主義者であり、資本主義のもとでの市場競争を肯定する一方で、日本の拡張主義を早い段階から厳しく批判していました。石橋は「小日本主義」の立場から、第一次世界大戦後の「満蒙特殊権益論」の高まりの中で、いち早く「満洲放棄論」を唱えます。

米国が海軍軍縮と中国問題を討議するいわゆるワシントン会議を招集した時、石橋は『東洋経済新報』誌上において「一切を捨つるの覚悟」「大日本主義の幻想」といった論考を相次いで発表し、①朝鮮半島・台湾の領有および満洲における利権がなければ日本は経済的に自立できないという説は誤りであること、②日本の安全保障上の問題はこれらの海外における利権を守るために生じているので、これを放棄すればむしろ戦争は起こり得なくなること、という二つの観点から、「満州を捨てる、山東を捨てる、その他支那が我国から受けつつありと考うる一切の圧迫を捨てる」ことを唱えたのです。

石橋はその後も、「小日本主義」の立場から中国ナショナリズムへの理解を唱え、満洲の権益を確保し、そこに移民を行うよりも、自由貿易や直接投資を通じた相互利益を追求すべきだとして、日本による中国支配の経済的な柱である日満支ブロック経済を厳しく批判しました。上述の在華紡路線は、本来は石橋の唱える「小日本主義」にも合致したものだったはずですが、時局の流れの中でそれとは相容れない「満鉄路線」に飲み込まれていったと言えます。

### †昭和初期の日本社会と「金解禁」論争

石橋のような議論があった一方で、日本の社会では、満洲事変を歓迎する声が大勢を占めました。その背景の一つとして、前節で少し述べたように日本国内における「満蒙問題」こそが日本の安全保障の要である、という議論、さらにはそこから生じる一種の被害者意識の高まりがあげられます。例えば、張作霖爆殺から満洲事変、さらに日中戦争に至るまでの直接軍事行動を、当の日本軍は一貫して「報償」「復仇」としてとらえていた、という指摘もあります。

つまり、日本の満蒙に対する「特殊権益」は、きちんと国際的な協定や条約で認められたものであるのに、中国側がそれを認めず邪魔をする。だから日本は正当な権利の行使として武力を用いてそれらを排除するのだ、という被害者意識から中国を批判する考えが、日本国内の強固な世論として存在したのです。例えば、当時のエリート中のエリートである東京帝国大学学生を対象としたアンケート調査においても、満蒙問題については武力解決を支持するものが圧倒的多数を占めたといいます。

もうひとつの重要な背景として、それまで産業化を急速に進め、当時の新興国として成長を遂げてきた日本経済が曲がり角を迎えていた、という問題があります。実際のところ、時代が昭和に入ると、金融恐慌、昭和恐慌といった金融システムを中心とする経済の危機的状況が繰り返し生じるようになります。このような状況の中で、知識人たちは、日本の経済や社会が何らかの「改造」を必要としている、と考えるようになりました。このような状況にあった日本経済をめぐって行われた重要な政策論争として、一九三〇年の「金解禁」論争があげられます。

これは第一次世界大戦後、再建された金本位制に、旧平価による条件で復帰するか、それとも旧平価より円の金に対する交換比率を大幅に切り下げた、実態に近いレートで復帰するか、という為替レート政策をめぐる論争でした。当時政権についていた民政党の濱口雄幸《おさち》首相と井上準之助蔵相は、グローバルスタンダードである金本位制に旧平価で復帰(=金解禁)しようとしていました。ただ、旧平価では円が過大評価されるため、輸出産業にとっては大きな打撃になります。これを、金融引き締めや公務員の給与カットなどの緊縮政策を通じて、国内の生産コストを引き下げることで乗り越えよう、というのが濱口内閣の政策でした。これに対し、そのような緊縮政策では国内の失業問題が深刻になるとして、より円が低めに評価された新平価での金本位制復帰を主張したのが、石橋湛山、高橋亀吉といった民間のエコノミストでした。

## †外交姿勢を決める三つのレジーム

この論争が重要なのは、単に日本の金融政策に関する政策論争というだけではなく、日本が当時の覇権国である英米、そして近隣の大国としての中国とどのような関係を取り結ぶか、という外交上の姿勢と深く結びついていたからです。

エコノミストの安達誠司は、この論争を日本の外交・経済政策に関する「政策レジーム間の競争」という観点から整理をしています（『脱デフレの歴史分析』）。安達によれば、日本にとって大きな転換期となる戦間期において有力だった「政策レジーム」は三つありました。まず、植民地の放棄と対外貿易の振興をうたった「小日本主義レジーム」。これは上述の石橋湛山らの主張に代表されます。次に、対英米外交を中心とした国際協調主義をとりながら、経済政策では大国間のゲームのルールに追随し金本位制の早期復帰を訴えた「ワシントン・レジーム」。これは当時の濱口内閣の政治姿勢に近いものでした。そして第三のものが、中国大陸を始めとするアジアに勢力圏を拡大し、英米に対抗して自立的な経済圏を構築することを目指す「大東亜共栄圏レジーム」です。

金解禁論争は、実は英米中心の「大国クラブ」たる再建された金本位制への復帰を訴える「ワシントン・レジーム」と、そのような大国中心主義を批判し、金融政策の実施により柔軟な幅を持たせることを主張した「小日本主義レジーム」との論争でもありました。

現実には、濱口・井上コンビの民政党政権により金解禁政策、すなわち旧平価での金本位制度への復帰が断行されますが、日本にとって不幸だったのは、これが米国発の世界恐慌の影響が全世界に広がるタイミングで実施されてしまったことです。このため、金解禁政策は昭和恐慌と呼ばれた深刻なデフレと不況を招いてしまいます。暗い世相の中で、濱口首相と井上蔵相はその対英米協調路線から軍部に対し敵対的であるとみなされ、相次いで右翼のテロに倒れることになります。

一九三一年に民政党政権を引き継いだ政友会の犬養毅《つよし》首相と高橋是清《これきよ》蔵相は、金本位制からの離脱による為替引き下げと、積極的な財政支出という、現代でいうケインズ的なマクロ経済政策を採用しました。その結果、日本経済は輸出を中心に急速な経済回復を遂げるのですが、一方で満洲事変以降の軍部の台頭を抑えられず、外交的にも対外膨張主義を払拭できず、中国との対立を深めていきます。

本来ならば、「小日本主義レジーム」に基づいた通貨切り下げと積極的な財政政策は、英米と協調しながら国民政府との関係改善を図る、民政党の外交方針——当時の幣原《しではら》喜重郎外相の名をとった「幣原外交」として知られます——と相性がよいはずでした。しかし皮肉なことに、その民政党は、濱口を始めとして有力議員の多くが官僚出身だったということもあってか、内政においては一貫して財政緊縮策を支持します。一方、内政においてはリフレ政策と積極財政を支持した政友会は、民政党の協調外交への対抗軸から、外交においては次第に対中強硬路線に傾いていくという「捻じれ」が生じていました。

満洲事変以降の対外膨張路線、すなわち「大東亜共栄圏レジーム」の台頭の背景には、以上のような日本の二大政党制の下での、外交と国内経済政策をめぐる「捻じれ」の存在が暗く影を落としていました。

## †社会主義革命をめぐる路線対立

他方、よりラジカルな視点から日本経済の「行き詰まり」に着目し、社会の根本的な変革＝革命によってそれを乗り越えることを主張したのが、当時の流行思想であったマルクス主義を信奉する知識人たちでした。ただ、その日本における資本主義の現状認識、および経済体制の変革＝革命の現実的な手段をめぐっては、同じマルクス主義者の中でも大きな考え方の違いが存在していました。この点をめぐって争われたのが、いわゆる「日本資本主義論争」です。

この論争の一方の当事者が、日本共産党系のいわゆる講座派マルクス主義の立場に立つ人々でした。「講座派」の名前は、一九三二年から三三年にかけて刊行された、『日本資本主義発達史講座』に由来します。この講座派の立場から、世界大恐慌以降の日本の農村の窮乏と都市貧困層の悲惨な状況を詳細に分析したのが、山田盛太郎の主著『日本資本主義分析』でした。

山田を始め講座派の論客は、当時の日本経済や社会の「行き詰まり」の原因を、明治維新以降の日本社会が「封建的な前近代性」を強く残すがゆえに、資本主義の普遍的な発展コースから逸脱したいびつなものだという点に求めました。そして、日本を正統な資本主義の発展コースに乗せ、その先の社会主義革命を目指すために、まず天皇制に代表される、前近代性の払拭を目指したのです。

これに対し、明治維新後の日本には近代資本主義のロジックが曲がりなりにも通用していると考え、前近代性の払拭にこだわるよりも、直接、社会主義の実現を目指すべきだ、と主張したのが労農派の人々です。

この日本資本主義論争は、当時の社会主義革命を目指す左翼知識人の間のイデオロギー的な対立を反映したものでしたが、そこには明らかに、当時の日本社会を包んでいた閉塞感が反映されていました。また、「金解禁論争」にみるように、民政党と政友会という二大政党が、外交姿勢と国内の景気対策に関するミスマッチから十分な政策をとれなかったことへの苛立ちも、人々の関心がこのようなラジカルな「変革」を唱える思想へと向かっていったことの背景としてあげられるでしょう。

### †獅子文六が描いた戦前の空気

昭和に入って度重なる恐慌が続いたこともあって、経済面での閉塞感は日本の大衆の間にも広く共有されていました。ここで、満洲事変を経済的停滞を打開するものとして「歓迎」する、国内における経済界の反応を描いた大衆娯楽作品を紹介しておきましょう。昭和の流行作家、獅子文六による経済小説の草分けともいうべき『大番』という作品です。この小説は出版された当時「大番、読まぬは恥」と言われたほどのベストセラーとなり、昭和三二年から翌三三年にかけては千葉泰樹監督、加東大介主演によって映画化もされています。

小説の主人公赤羽丑之助、通称ギューちゃんは、色欲・食欲・金銭欲の権化のような人物で、昭和の初めに四国の宇和島から一旗あげようと上京し、株屋の小僧として下働きをしているうちに次第に才覚を現して財をなしていきます。

ペイペイの株屋に過ぎなかったギューちゃんの前に、この作品におけるトリックスターともいうべき「チャップリンさん」が現れ、「赤い夕陽の満洲に一本光るは線路だけ」という「謎の言葉」を残していくことが、ギューちゃんが相場師として財をなしていくきっかけになります。「ブル（買い）一点張り」のギューちゃんは、当時の高橋是清蔵相の下で為替の切り下げを中心とした金融緩和政策、ならびに国債の日銀引き受けによる公共事業の拡大といったポリシーミックスが行われ、デフレ不況からの回復が急速に生じるなかで、相場師として成功していきます。

この、「赤い夕陽の満洲」のエピソードは、当時の日本社会における大陸侵略へのまなざしがどのようなものであったかを象徴するものです。作品の中では二・二六事件や盧溝橋事件でさえ、それ自体は短期的な金儲けの機会を提供するエピソードとして描かれており、そのような臆面のなさがかえって戦前の経済界の空気をリアルに伝えています。

さて、すでにみたように、南京国民政府の時代は中国も「国家資本主義」としての力を強めていく時期にありましたが、その「国家」としての凝集力は日本に比べて弱かったといえます。中国近現代経済史を専門とする木越義則は、戦間期の中国をいくつかの経済圏が有機的に結びついた「関内市場圏」としてとらえています（『近代中国と広域市場圏』）。関内市場圏とは、一次産品の供給と工業製品の消費という形で密接に結びつく「有機体」

としての長江市場圏と、国外への一次産品輸出を中心とする「無機体」としての満洲、華北、華南という、二つの部分から構成されるというわけです。

木越によれば後者の「無機体」は、あくまでも上海の工業部門を介在して他の市場圏と結びついています。つまり、満洲は当時の中国経済において「無機体」、すなわち切り離し可能なパーツであり、満洲の日本帝国圏への編入によっても、上海を中心とした工業部門の成長は基本的に維持されたという点には注意が必要でしょう。日本の中国侵略が「有機体」としての中国経済の息の根を完全に止めてしまうのは、一九三七年以降の日中全面衝突の結果、長江下流域がまるごと日本の勢力圏になってからのことになります。

## 3 新興国としての中国への態度

前節では満洲事変前後の日本社会を覆っていた閉塞感と、それを「日本社会の後進性」に求めるマルクス主義者たちの議論について紹介しました。ただし、このような議論は決して日本国内のみの問題にとどまるものではありませんでした。資本主義の発展の歩みについて、日本が欧米とは異なる「後進性」や「異質性」を抱えているという問題意識は、そのまま当時の中国に対しても当てはまったからです。例えば、日本資本主義論争が行われたのとほぼ時期を同じくして、中国の共産党シンパの知識人の間でも「中国社会史論争」という、中国社会がどのような歴史的段階を経て現在にいたっているかをめぐる、唯物史観の影響を色濃く受けた論争が行われています。

日本の国内でも、中国国内のナショナリズムの高まりとそれに伴う日中間の摩擦の深刻化という現状を受けて、中国の「後進性」「異質性」をめぐり中国を対等な関係を取り結ぶべき近代的国家とみるべきか否か、という議論が盛んに行われるようになります。ここではそのような戦前の代表的な議論として、「支那統一化論争」をとりあげ、その今日的な意義を改めて探ってみることにしたいと思います。

## †不動産バブルの崩壊と幣制改革

すでにみたように、一九二八年に北伐を完成し、南京に統一政権として国民政府を打ち立てた蔣介石は、それまでの曖昧な中央と地方間の財政的な権限を整理し直し、統一的な国民経済の形成を目指す改革を実行に移していきました。

しかし、国民政府が成立した当時、日本におけるその評価は必ずしも高いものではありませんでした。そして、国民政府のもとでの中国の経済発展をどうとらえるのか、という点をめぐっては、戦前における日本の学術界でも、白熱した議論が交わされました。

日本における中国評価が大きく分かれることになった重要な契機が、世界大恐慌による経済の混乱への対応として一九三五年に行われた幣制改革でした。一九二九年の世界大恐慌の発生は、前節で触れたような、都市部の工業と農村部との有機的なつながりを大きく動揺させます。

まず大恐慌は、生糸や原材料品の海外輸出を激減させ、それらの産品の価格の低落と交易条件の悪化を招きます。一方、国際市場で金への需要が急速に高まった結果、銀価格が暴落し、実質的な銀本位制を採用していた中国の輸出品価格は下落します。この結果、中国国内の綿業は束の間の好況を迎えます。また、国際的な銀価の下落は海外市場から上海銀市場への大量の銀の流入をもたらし、さらには原材料品輸出の不振により深刻な不況に見舞われた農村地域からも上海へと銀が流入していくことになります。このような銀の急激な流入が生じた上海では、過剰になった資金が資産投資へと向かい、債券・不動産市場は空前の好況＝バブル景気を迎えます。

しかしながら、このような状況は長く続きませんでした。一九三一年以降、英国など主要国の金本位制離脱と為替レートの切り下げにより、中国製繊維製品の価格優位性が失われ、輸出が落ち込みはじめたからです。さらには、一九三一年の長江大洪水や、日本の満洲侵略や国共の対立激化による綿紡績業生産への打撃も、これに追い打ちをかけます。

さらに一九三四年には、米国の銀買い上げ政策による国際的な銀価格の高騰によって、好況を呈していた上海経済の転落が決定的なものになります。銀価格の高騰のため今度は中国国内から海外に銀が流出、その結果上海の資産価格が急落し、バブルは崩壊しました。同時に、繊維製品の輸出の落ち込みと担保価値の下落により債務返済不能に陥る企業が増加、金融機関の破綻も相次ぎ、上海を中心とした深刻な金融恐慌に発展したのです。

このような状況が収束するためには、銀価格の国際的な変動により、国内の金融政策が大きく左右されるような状況に終止符が打たれる必要がありました。すでに一九三三年、秤量単位である「銀両」が廃止され、銀本位通貨の単位が「元」に統一されることにより（＝廃両改元）、それまでの中央政府がコントロール不可能な「雑種幣制」の状態から、管理通貨制度に道筋が付けられていました。

そして一九三五年、ついに幣制改革が実施されます。これは、金融と財政の分離、中央銀行の財政からの独立、外債に代わる国内長期債の発行、日中関係の安定、という英国のリース・ロス使節団による一連の提言を受け入れながら、前財政部長の宋子文が中心となり、管理通貨制度への移行を果たしたものです。その実施にあたって南京国民政府は、銀地金を国有化し、地方銀行に新たな政府発行紙幣である法幣を買い取らせてその流通を図る一方、通貨準備委員会に銀行の法幣兌換準備の内容を監視させることで、法幣の対ドル・ポンド為替レートの安定を実現しました。

また同時に、産業界の再編も進みます。金融は政府系三大銀行への資産集中が進み、民間の銭荘などは事実上壊滅状態となります。繊維業界は省政府が中心となり、同業者間のカルテルが形成されるという形で再編されました。一方、中央ならびに地方政府は、疲弊していた農村経済の再建にも乗り出します。長江下流域の農村では、農村恐慌への対策として、地方政府主導のもと、一種の協同組合組織である合作社《がっさく》の設立が盛んに行われたほか、工業原材料の生産者のための金融機関の整備も行われました。

一連の幣制改革ならびに産業の再編が成功裏に終わることにより、恐慌は一九三五年末にはほぼ底入れ期を迎え、翌一九三六年には経済は順調に回復に向かいます。生産指数は、一九三五年後半から三六年前半にかけては対前年比でマイナスを記録していましたが、一九三六年第3四半期には前年同期比で一三・三%の成長を記録し、同第4四半期には一四・六％の増加、三七年第2四半期には二三・七％の増加と、めざましい生産の回復がみられました。

この一連の幣制改革の成功は、中国には中央集権的な政権は成立しえず、地方勢力が分立する状態に逆戻りするだろうという見通しのもと、さらなる勢力拡大を図ろうとしていた日本陸軍のもくろみを根本から覆すものでした。幣制改革の成功によって国民政府が通貨発行権を掌握すると、公債を政府系金融機関に引き受けさせることを通じて、大規模な戦費調達を行うことが可能になったからです。

### †中国に対する「まなざし」の三類型

上述の「支那統一化論争」（以下、「統一化論争」）は、以上のような幣制改革の成功を受け、「混乱しつつも統一化の方向に向かいつつある」中国に日本がどう対峙すべきか、という点をめぐって行われた論争でした。この論争の特徴は、当時の中国の政治経済情勢の分析、英米の対中政策を含む国際情勢の変化、ならびにそれを踏まえた日本の中国とのかかわり、といった論点をめぐって、いわば「三つ巴」ともいうべき異なる思想的立場がみられたことです。

その一つは、中国は「近代国家」成立後も依然として「半植民地」的な状態にあり、統一的な政権に支えられた資本主義的な発展は実現しない、という一種の「中国停滞論」でした。こうした「統一」否定論には、日本の大陸侵略を肯定する立場からのものだけではなく、満鉄系のシンクタンク（＝満鉄調査部）に所属していた大上末広《おおがみ》など、欧米諸国の帝国主義的な中国支配を憂慮する左翼的な立場からの論調も含まれていました。

二番目の立場が、矢内原忠雄が一九三七年に発表した「支那問題の所在」という文章に象徴される、日中両政府の協調を説く議論でした。矢内原は、中国におけるナショナリズムの勃興と、それに支えられた統一化の気運を評価し、さらにそれが浙江財閥という新興の民族資本と結びつくことにより、強固な基盤を持った国民党政府の下での資本主義の発展が生じるだろう、と予想したのです。

そして三番目の類型が、尾崎秀実《ほつみ》や中西功《つとむ》など、国際的な共産主義運動とのかかわりから中国における抗日ナショナリズムの高まり、中でも内陸農村部で支持基盤を拡大しつつあった中国共産党の動向に強く共感した人々による議論です。彼らは、矢内原らの「日支提携論」を、それが資本家の利益を追求したものに過ぎないと一蹴する一方で、帝国主義勢力による中国の半植民地化・従属化を主張する議論に対しても、労働者・農民など、

「下からの」大衆運動（＝民族戦線）による統一化の可能性を見ていない、として厳しい批判を行いました。

これら三つの異なる立場からの議論が交わされた「統一化論争」は、結果としては、その後の盧溝橋事件を契機とした日本の全面的な大陸侵略の既成事実化という大きな波の中に飲み込まれていく運命にありました。

ここでは、この「統一化論争」に現れた議論の三類型を、当時の日本社会の文脈からいったん切り離して、改めて捉えなおしてみたいと思います。するとそこからは、近代以降の日本が中国に対して向けてきたまなざしに関する、以下のような三つの類型が浮かび上がってくるのではないでしょうか。

一、「脱亜論」的中国批判
二、実利的日中友好論
三、「新中国」との連帯論

このうち、一の「脱亜論」的中国批判の典型的な議論のパターンは次のようなものです。

中国社会の構成原理は欧米先進国と異なっているため、欧米に起源を持つ近代的な諸制度の移植はうまく進まない。表面上成功しているように思えても、必ず行き詰まるだろう。したがって、「近代化」の優等生たる日本は、中国とは絶えず距離をおく、あるいは英米のような信頼できるパートナーとの関係を強化した上で付き合うべきであり、ゆめゆめ相手に過度な幻想を抱いてはならない……こういった議論は戦後日本において、反共思想と戦争責任の否定とセットになった、政治的右派の論説の中に受け継がれていきます。

次に、二の実利的日中友好論は、中国の発展や相互の経済関係の深化は日本の利益になるものであり、基本的に歓迎すべきだ、という姿勢を代表するものです。これに近い議論としては、早くから満洲放棄論と中国ナショナリズムへの理解を唱え、自由貿易による相互利益の追求の立場から、日満支ブロック経済を厳しく批判した石橋湛山の「小日本主義」があげられるでしょう。その精神は、戦後の日中民間貿易を支え、その後の国交回復を後押しした親中派の政治家や財界人に受け継がれていきます。

では、三の「新中国」との連帯論、はどうでしょうか。戦前の尾崎秀実らによって代表されるこの立場は、中国革命によって成立した中華人民共和国へのシンパシーとして、戦後もいわゆる革新勢力の中に受け継がれていきます。それは具体的には、アジア・アフリカ会議における「平和十原則」に代表される、中国政府の理念に基づいた平和主義への敬意と侵略戦争への贖罪意識、そして、対米従属を続けたまま主体的な外交を行えず、戦争責任を果たすことに消極的であった自民党政権への痛烈な批判、という形をとりました。

近代以降の日本人の中国観というのは、結局のところこの三つの類型にずっと規定され続けているのではないか、と筆者は考えていますが、この点についてはこの後の章でまた改めて論じたいと思います。

話を「統一化論争」に戻しましょう。ここで注意したいのは、この論争を通じ、南京国民政府によって統一化がなされ、「上からの近代化」を遂げつつあった中華民国期の資本主義的発展をどうみるか、という点についての、見解の相違が明らかになったことです。例えば、「実利的日中友好論」に近い立場だった矢内原忠雄は、浙江財閥を「新興の民族資本」として評価したように、国民国家を前提とした資本主義的経済発展が国民政府の下でも一定程度みられた、として肯定的にとらえていました。

それに対し、矢内原の批判者である大上末広そして中西功らは、浙江財閥を民族資本ならぬ「官僚資本」が帝国主義勢力と手を結んだ「買弁資本」とみなし、むしろ民族資本を圧迫していく「奇形的な」発展を遂げたもの、として位置づけていたのです。

これら戦前の左翼的知識人による国民党政権下の資本主義的発展に対する厳しい見方は、毛沢東が国共内戦期に発表した「当面の情勢と我々の任務」という文章において、南京国民政府主導の経済建設を「国家独占資本主義」と規定し、痛烈に批判した姿勢とも重なり、中国共産党の公式見解の強い影響下にあった戦後日本における中国研究のパラダイムを長らく支配してきました。

このような見解は、改革開放期以降の中国研究における「革命史観」の見直し、すなわち中華民国期、なかんずく国民政府による経済建設を再評価する気運の中で、次第に過去のものとなっていきます。しかしながら、戦前から戦後のある時期に至るまで、中華民国期の資本主義的な発展について、その「異質さ」「いびつさ」をことさらに強調し批判する、という姿勢が、日本国内では左派的な立場の人も含めて主流を占めていた、ということには改めて注意が必要でしょう。

というのも、リーマンショックに象徴される二一世紀の世界経済の混乱の中で、台頭する中国経済を「国家資本主義」、すなわち標準的な資本主義とは異なる「異質さ」「いびつさ」を抱えたものとしてとらえ、その持続的な発展を疑問視する議論が、改めて日本国内で影響力を増しつつあるからです。逆に言えば、中国の経済発展をどうとらえるかという問題は、今でもそれだけ論争的な、難しい課題であり続けているのです。

第三章
# 日中開戦と総力戦の果てに

汪兆銘政権によって設立された中央儲備銀行　写真提供：朝日新聞社

前章の終わりで見たように、一九三〇年代の日本は、中国大陸を始めとするアジアに勢力圏を拡大し、英米に対抗して自立的な経済圏を構築することを目指すという道をまっしぐらに突き進んでいくことになります。特に日中戦争の開始以降、日本（軍）は中国大陸において複数の傀儡《かいらい》政権を押し立て、戦費を調達するために日本円とリンクさせた現地通貨を流通させようとします。しかし、現地社会の信認を得られないまま、国民政府の下で形成されようとしていた中国経済の有機的な相互連関を破壊する結果に終わります。さらに日中戦争が長期化していく中で、日本国内では次第に過激な「汎アジア主義」が台頭していき、膠着《こうちゃく》した戦況を英米との戦いによって打破しようという動きが生じていくことになります。このような日本の侵略の爪痕は、第二次世界大戦が終結した後も、国民党と共産党との激しい内戦という形で中国大陸に影を落としていくことになるのです。

## 1　日中戦争の開始と通貨戦争の敗北

一九三〇年代の日本の中国大陸政策は、日本に対して敵対的な統一政権（国民政府）への警戒、そしてそれに対抗するための国民党内部、あるいはそれに敵対する勢力を利用した分裂工作、さらには傀儡政権の樹立によって特徴づけることができるでしょう。前章で述べたように、蔣介石のもとで北伐を成功させ、中央集権的な国民国家建設を進めつつあった国民政府は、日本の対アジア戦略にとって邪魔になる「敵」と認識されるようになったのです。このため、満洲事変以降日本は中国大陸に次々と親日政権を樹立し、国民政府支配地域への経済封鎖を行おうとしました。

一九三七年における盧溝橋事件以降、日中は全面戦争の状態に陥ります。まもなく日本軍は華北一帯を完全に制圧した後、第二次上海事変を経て首都南京を占領、当時の近衛内閣は、圧倒的な軍事的優勢を背景に国民政府と有利な条件の下で和平交渉を行おうとします。しかし、蔣介石が徹底抗戦の構えを見せたため、一九三八年一月に近衛内閣は「国民政府を対手とせず」という声明を発表、中国大陸に親日的な傀儡政権を打ち立てて独自に和平交渉を進めようという方針を明らかにします。

そして経済面では、それら傀儡政権と満洲国および日本本土との経済関係を深めると同時に、現地で円と連動した貨幣を発行させ、いわゆる「日満支経済ブロック」の形成を進めていくことになります。「日満支経済ブロック」は、日本およびその植民地からなる「大日本帝国」、中国東北部の「満洲国」、および蒙古聯合自治政府が支配する「蒙疆《もうきょう》地区」、そして日本軍による華北平定後、傀儡政権として打ち立てられた中華民国臨時政府からなるものでした。

例えば、満洲国では満洲国中央銀行によって満洲国幣が発行されますが、これは円に等価リンクしたものでした。また内蒙古東部に徳王を擁立する形でつくられた蒙古聯合自治政府では、中央銀行として蒙疆銀行が設立され、やはり満銀券と等価リンクした蒙銀券が発行されます。さらに華北では、中華民国臨時政府によって中国聯合準備銀行（＝聯銀）が設立され、華北唯一の法貨として「聯合銀行券」が発行されます。これはそれまでの国民政府による法幣を代替するものとして名目上の価値が等しいとされましたが、同時に日本銀行券や満銀券とも等価（＝円元パー）とされたのです。

### 現地調達によるハイパーインフレ

このように、現地の独自通貨の発行、およびその日本円や満銀券との等価リンクにこだわった理由として、日本軍が戦争を継続するにあたって、日本からの十分な物資の補給を行えず、「現地調達主義」ともいうべき方法を採ったことが挙げられます。この「現地調達主義」を金融面で支えたのが、「預け合」を通じて現地の通貨を円とリンクさせ、その発行によって戦費を調達するというやり方でした。

例えば、華北では一九三八年三月に聯銀が北京に総行を、天津に分行を置く形で開業します。そして同年六月には、朝鮮銀行の北京支店が聯銀と「預け合契約」を締結します。この「預け合」とは以下のようなものでした。まず、朝鮮銀行北京市店と聯銀がそれぞれ相手の銀行に預金口座を作ります。そして、日本側が軍事費などの支出に聯銀券が必要になった時には、日本銀行が国債を朝鮮銀行東京支店から購入し、購入額(仮に一〇〇円としましょう)分の日本円を朝鮮銀行北京支店に送金します(図3-1a)。すると朝鮮銀行は、同銀行に聯銀が持っている口座に一〇〇円を振り込みます。同時に、聯銀の方も、一〇〇円を自行にある朝鮮銀行の口座に振り込みます。

聯銀は、外貨預金の額に応じてそれに応じた聯銀券を発行することが認められていました。日本円と聯銀券は一円=一元で交換できると定められていましたから、「預け合」によって聯銀に一〇〇円の外貨預金ができるということは、一〇〇元分の聯銀券を発行し、それで戦費を調達できるということを意味したのです(図3-1b)。

要するに、朝鮮銀行および聯銀双方の預金口座に同金額を記入するだけで、実際に現金が動くわけではない「架空預金」を計上することを通じて、戦費の調達に必要な現地通貨

図 3-1a 「預け合」による軍事費調達

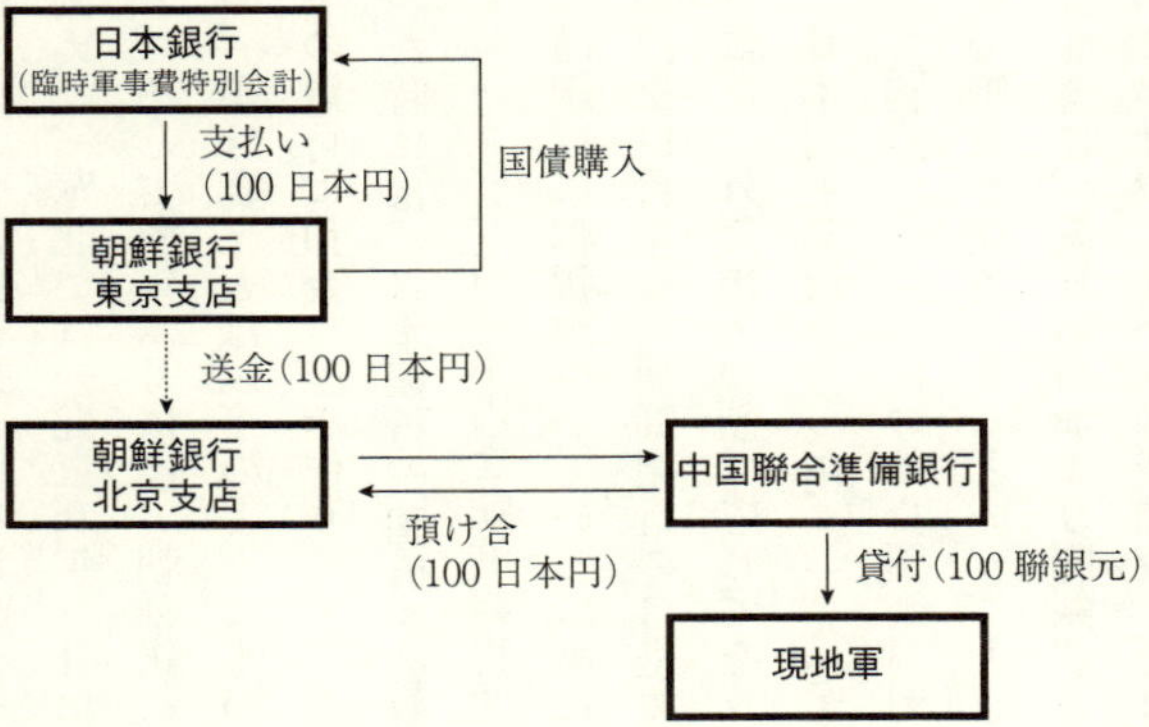


図 3-1b

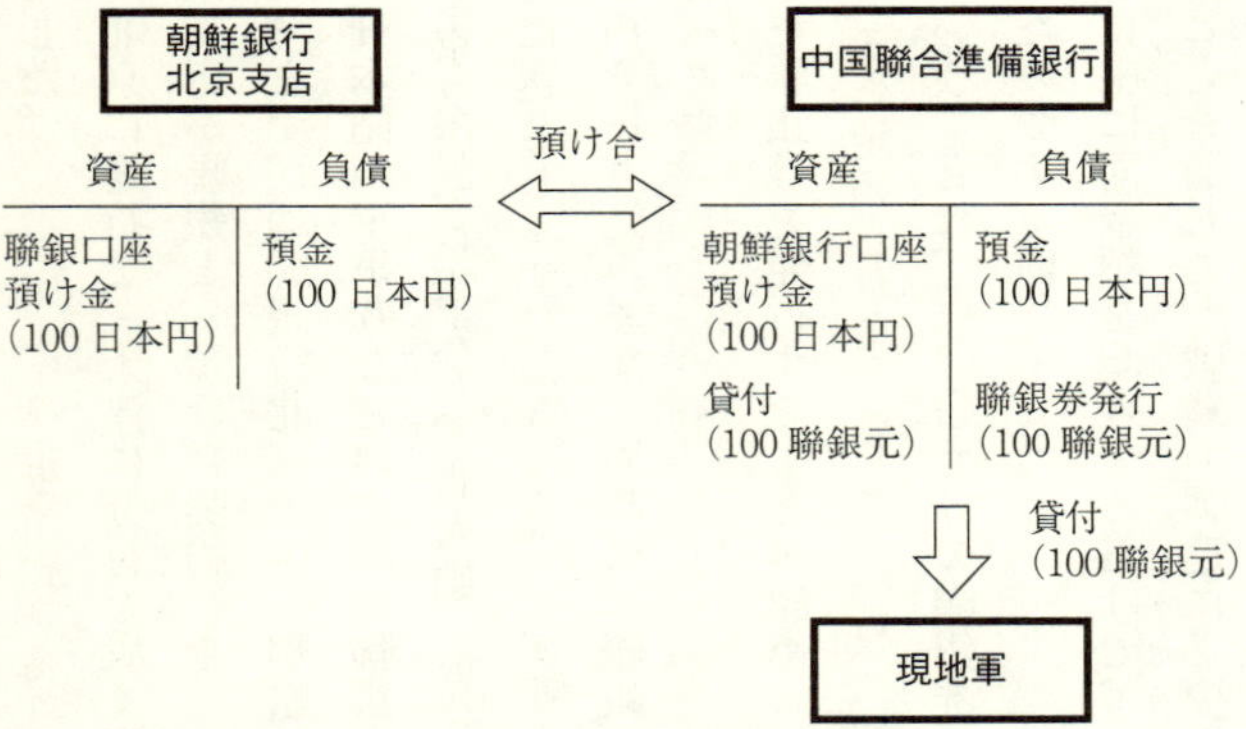


出所：多田井喜生『朝鮮銀行』『昭和の迷走』を参考に筆者作成。

表3-1　「大東亜共栄圏」諸地域における流通通貨と物価指数

| 都市 | 東京 | 京城（ソウル） | 新京（長春） | 北京 | 上海 | シンガポール |
|---|---|---|---|---|---|---|
| 通貨 | 日本銀行券 | 朝鮮銀行券 | 満洲国幣 | 聯銀券 | 儲備銀券 | マレイ南発券 |
| 1941.12 | 100 | 100 | 100 | 100 | 100 | 100 |
| 1942.12 | 102 | 106 | 113 | 157 | 206 | 352 |
| 1943.12 | 111 | 118 | 123 | 267 | 700 | 1201 |
| 1944.12 | 126 | 132 | — | 890 | 5800 | 10766 |
| 1945. 8 | 154 | — | — | — | — | 35000 |

出所：山本有造『「大東亜共栄圏」経済史研究』，180-181ページ。
注：「南発券」は，1942年に設立された南方開発金庫が，東南アジアの日本軍占領地域において暫定的中央銀行として発行した現地通貨。

を極めて容易に供給できる仕組みがつくられたわけです。このような預け合による軍事費調達の手法は、後に華中の汪兆銘政権における、儲備《ちょび》銀券の発行に関しても行われます。

この一連の戦費調達のメカニズムでは、基本的に日本政府が日本円を追加発行する必要がないので、インフレーションが国内経済に影響を与えることはありませんでした。ただ、その代わりに軍事支出を賄った聯銀券などの現地通貨は濫発の一途をたどり、特に戦争末期にはその流通地域にすさまじいインフレをもたらすことになります（表3-1）。必要とされる物資が圧倒的に不足している状態の下で、その調達のため権力基盤が脆弱《ぜいじゃく》な政府が巨額の不換紙幣を投入するのですから、ハイパー・インフレーションに近い状況が引き起こされることはいわば理の当然だったと言えるでしょう。こうしてみると、円を基軸通貨とする「大東亜金融圏」は、その当初から持続不可能な、いわば砂上の楼閣だったと言わざるをえません。

## †通貨支配はなぜうまくいかなかったのか

このような中国全土の占領による分断は、日中間の「通貨戦争」ともいうべき現象をもたらしました（図3-2）。例えば、華北では、日本軍は聯銀を通じて法幣の回収を行わせようとします。すでにみたように、華北では「預け合」を通じた戦費調達のために聯銀券が発行されますが、華北の中国人社会では濫発による価値下落を嫌ってほとんど受領されず、依然として法幣が使用され続けていたからです。

華北を支配していた臨時政府は「旧通貨整理辦法」という法令を出し、域内に流通する法幣など、国民政府系の通貨の流通期限を定め、その間に聯銀券と交換させようとしますが、回収は思ったように進みません。華北で流通していた法幣三億元余りのうち、聯合銀行が回収できたのはわずか二〇〇〇万元、六％程度の回収率に過ぎませんでした。

また、上海を始めとした華中地域では、暫定政権として中華民国維新政府が成立しますが、華北に比べより暫定的な政権としての性格が強く、現地での物資調達には主に軍が発

図 3-2　太平洋戦争期の通貨流通状況

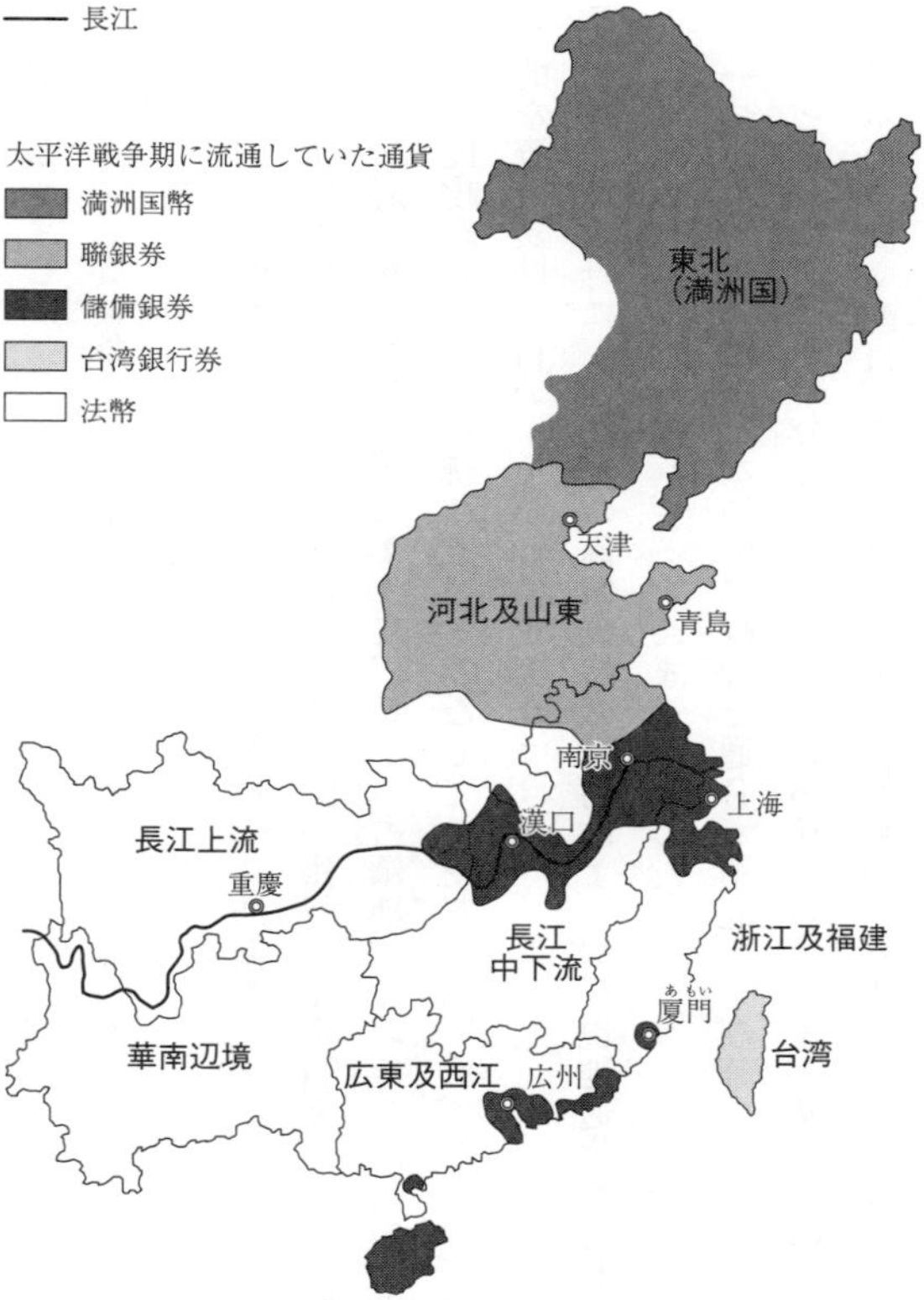


出所：木越義則『近代中国と広域市場圏』，194 ページ，図 7-1（一部改変）。
注：旧通貨の流通範囲は，1943 年における日本軍の占領範囲で示した。

行する軍票があてられました。また、現地の経済取引においては、従来通り法幣も用いられる状況が続きました。

このような「通貨戦争」が日本側の思惑通りに進まなかった理由として、以下の二つが挙げられるでしょう。

一つは、国民政府が法幣の価値維持のため積極的な防衛策をとったことです。国民政府は、モラトリアム令を公布して華北における中国系銀行の預金引き出しに制限を加える一方、法幣を華南へ移送することによって、日本の占領地域における法幣の流通量を削減しました。国民政府を中国の正統な政権とみなしていた英米両国も、法幣の価値維持のために積極的な資金援助を行い、その価値を支えます。

こうした国民政府による法幣の価値維持の成功によって、現地通貨を通じた法幣の回収という日本側のもくろみは崩れざるをえませんでした。

もう一つの理由として、日本の傀儡政権を通じた華北および華中の支配が、社会の末端まで行きとどかない、不十分なものだったことが挙げられます。基本的に、傀儡政権を利用した日本の中国支配は、「点と線」つまり主要都市と鉄道、河川周辺地域の支配にとどまったとされます。言い換えればその支配は決して農村部に代表される中国社会の内部、すなわち「面」に浸透していくものではなかったのです。具体的には、日本および傀儡政権は、県城（＝都市部）の行政機能を押さえることはできたものの、農村に広がる郷や鎮といった下部行政機構、および都市と農村を結ぶ流通機構を構築できなかった、ということを意味します。

日本がこのような「点と線」の統治しか行えなかった理由として、満洲の社会経済史に詳しい安冨歩は、華北の市場システムが分散的・ネットワーク的なものだったことをあげています（「定期市と県城経済──一九三〇年前後における満洲農村市場の特徴」）。この点で華北と対照的なのは満洲の経済システムでした。満洲では、鉄道と大都市とを主軸とし、個々の村落が特定の町と結びつき、その町が都市に、都市が大都市にそれぞれ従属するような、ピラミッド型の構造を持っていました。このため、少数の兵力で「面」を抑えることができたというのです。

いっぽう、華北は大平原に定期市が均一に分布する複雑な階層的ネットワークを形成していたため、大都市が末端村落を把握するのは困難でした。県城を押さえてもネットワークの一部を確保したに過ぎず、その下位農村はネットワークを変形させることでそれに対応し、上からの支配に従わなかったと考えられるからです。

このような「点と線」の統治のみでは、経済社会のより深層部に根差した「信頼」に支えられるべき通貨の管理権を制し、「通貨戦争」に勝利するのは望むべくもありませんでした。

経済をコントロールする能力を欠いていた傀儡政権が、紙幣の濫発と並ぶもう一つの資金調達源として頼ったのが、アヘンの専売でした。中国では清朝が一九〇七年にイギリスと「中英禁煙条約」を結び、アヘン貿易の禁止の方針を打ち出していましたが、辛亥革命後の各地でケシ栽培が復活し、一九二〇年代半ばには、かなり広い範囲でアヘンの生産・吸引が行われていました。一九三一年九月に日本が満洲事変を引き起こした後、満洲国を含め親日的な政権の多くでアヘンの専売制度が採用されます。アヘンは高い利益率を生むため、財政基盤の弱い傀儡政権にとっては最も手軽な資金調達手段だったのです。

このような動きに対抗するために中国政府はケシ栽培やアヘン吸引を禁止する姿勢を明確にし、アメリカなど国際社会に訴えていきます。しかし、戦争状態が続く中で、国民政府や中国共産党自身が、本当に軍事費などの資金を生み出すアヘンから距離を置くことができたかどうかについては、疑問視する意見も少なくありません。

## †汪兆銘を通じた分裂工作

戦局がさらに硬直化すると、日本軍は、党内部で蔣介石と対立を深めていた国民党左派の汪兆銘《おうちょうめい》との接近を強め、中国政権内の分裂を図ります。一九三八年に重慶国民政府を離脱した汪は、一九四〇年に南京に「中華民国国民政府（＝南京政府）」を樹立します。南京政府は、華北における中華民国臨時政府と、華中における中華民国維新政府というそれまでの二つの親日政権が汪兆銘という「大物」の下に統合されたもので、やはり日本軍の強い関与の下にありました。日本国政府は、直ちに日華基本条約を結んでこれを正統な中国の中央政府として認証します。

また、一九四一年には中央儲備《ちょび》銀行が設立され、中央銀行券として儲備銀券を発行します。儲備銀券は、華北における聯銀券と同じように、こちらは横浜正金銀行との預金預け合を通じて、日本軍の戦費調達と法幣の駆逐の役割を担うことになります。しかし、華中は華北にも増して法幣の信用性が高く、儲備銀券によるその回収はほとんど進まなかったばかりか、濫発によってその流通域ではひどいインフレが生じました（表3-1参照）。

この汪兆銘政権の国内における基盤は脆弱でした。まず実効支配したのは長江下流域の江蘇・浙江・安徽《あんき》にとどまり、華北はそれまでの臨時政府を実質的に受け継いだ華北政務委員会が支配しました。それでも、日本占領地域と汪兆銘が支配する地域が国民党支配地域に打撃を与えるために行った経済封鎖・物価統制は、上海周辺の工業と長江流域の一次産品との結びつきをはじめ、国内経済の有機的なつながりを解体するには十分でした。ただし、このような経済制裁は、上海周辺で生産された工業製品の市場を自ら失うことにつながり、それを行う側の日本占領地域と汪兆銘政権の支配地域における住民にも窮乏生活を強いることになります。

## †危ういバランスの戦時下経済

このような厳しい状況にあっても、一九四一年一二月の日米開戦以前には、日本軍の占領地域に取り囲まれたわずか三〇平方キロメートル四方にすぎない上海租界周辺の工業はまだ健在でした。租界内には日中戦争の戦火が及ばず相対的に安全であるため、大量の物資・資金・労働力が集まってきたからです。この時期の上海租界内の状況は、「孤島の繁栄」などと呼ばれました。また、租界の工業製品は、東南アジアなど海外への輸出も堅調でした。このため上海租界は物資流通の拠点となり、日本軍の経済封鎖に対抗する複数の

「援蔣ルート」を通じて、国民党の根拠地である内陸経済を支えていきます。

さらに、すでに述べたように、上海租界の中国企業では法幣が使い続けられたことも、日本軍の華中支配を困難なものにしていました。このような「孤島の繁栄」を通じて内陸部の経済を支えていた上海租界も、日本が英米に対し宣戦を布告すると直ちに日本軍が進駐し、その支配下に入ることになります。

一方、一連の日本による軍事侵攻、傀儡政権を通じた分割統治に対抗するべく、国民政府は幣制改革前夜からすでに国防を中心とした経済建設を打ち出していました。そして、一九三〇年代後半には、資源委員会の主導下、戦略的物資を輸出し、その見返りに各種の工業設備や武器などを輸入するバーター貿易が推進され、軍需工業に傾斜した生産が行われるようになりました。

しかし、経済の中心地を失い、重慶に遷都した国民政府は「大後方」と呼ばれた内陸部の西南・西北部に勢力を押し込められ、乏しい経済的基盤の下での戦争続行を余儀なくされます。そして、後進地域である西南・西北部に近代工業を発展させるため、「非常時期農鉱工商管理条例」「抗戦建国綱領」「国家総動員法」などの政府方針や法令を次々と打ち出し、総力戦遂行を目的とした重化学工業の発展のために、限られた物資を動員する体制を作り出していくのです。

このような戦時経済を支える財政基盤の脆弱さも、重慶国民政府を苦しめました。経済の中心地を失ったことで、経済取引に対して課税される統税《とうぜい》等の間接税収入の大部分を失ったため、国民政府は再び田賦《でんぷ》を中央に移管し、また税の徴収方法を現金での支払いから現物支払いに切り替えることにより、農村からの財政収入の拡大を図ります。

しかし、「総力戦体制」のもとで肥大化する軍事費の調達には全く不十分なものであり、結局のところ、英米ソからの借款ならびに貨幣濫発に頼ることになりました。このような軍事費調達は住民に負担を強いるインフレ課税の実施を意味し、一九四〇年の食糧価格は戦前の五倍に、翌年には二〇倍を超えるに至ります。

第二章で述べたように、幣制改革によって国民政府は統一通貨である法幣を広く流通させることに成功します。ただし、法幣はその価値維持という点について当初より一定の不安定さを抱えていました。というのも、国民政府が国民の信頼性を十分に勝ち得ていない中で、法幣は主にポンドおよびドルといった信頼性の高い国際通貨との兌換《だかん》性によって支えられていたという事情があるからです。

法幣がポンド・ドルとの兌換性を維持するためには、その供給量に一定のルールを課すと同時に、規律ある財政運用が不可欠でした。「総力戦体制」のもとで肥大化する軍事費調達の源泉を貨幣濫発に頼るという状況は、このような危ういバランスの上に成り立っていた法幣の信頼性を、一気に掘り崩してしまうことになりました。通貨への信頼性の低下は、第二次世界大戦の終結後の国共内戦期にも受け継がれ、政権を足元から揺り動かすようなハイパー・インフレーションの発生へとつながっていくことになるのです。

### †「有機体」が機能しなくなると

日中戦争と一連の日本による中国大陸の分断統治によって、中国の多くの民衆が命を奪われ、また生活基盤を破壊されたことは言うまでもありません。もっとも、日本による統治がひたすら経済活動の破壊に終始した、というわけではありません。軍需物資や兵員の輸送に不可欠な鉄道の復旧と拡充など、日本軍は戦争で破壊されたインフラや生産設備の建設に積極的に関与しました。また、綿業などいくつかの産業はそれほど戦争の影響を受けることなく生産能力が維持されていました。もともと工業の発展が遅れていた内陸部は、連合国による経済援助や国民政府による統制経済の影響により、むしろその工業生産能力は飛躍的に上昇します。

表3-2　中国の外国貿易・国内貿易の実質水準

| | 外国貿易 | | 国内貿易 | |
|---|---|---|---|---|
| | 輸出 | 輸入 | 移出 | 移入 |
| 1934 | 90 | 99 | 93 | 92 |
| 1935 | 94 | 92 | 90 | 91 |
| 1936 | 100 | 100 | 100 | 100 |
| 1937 | 100 | 90 | 90 | 94 |
| 1938 | 88 | 74 | 50 | 66 |
| 1939 | 82 | 114 | 45 | 47 |
| 1940 | 86 | 119 | 34 | 31 |
| 1941 | 77 | 109 | 23 | 19 |
| 1942 | 21 | 23 | 9 | 11 |
| 1943 | 18 | 9 | | |
| 1944 | 13 | 6 | | |
| 1945 | | | | |
| 1946 | 19 | 30 | 30 | 27 |
| 1947 | 39 | 26 | 67 | 64 |
| 1948 | 66 | 22 | 84 | 70 |

出所：木越義則『近代中国と広域市場圏』，197ページ。

以上のような側面はあったものの、中国経済の発展という観点からみた日本軍の侵略の最大の問題点は、それまで存在していた経済の有機的なつながりをズタズタに切り裂いてしまった点にあります。

日中開戦後の中国経済は、湖北省の漢口（武漢）を境にして、日本軍が支配する沿海地域の市場圏と、国民政府の支配下にある長江上流の市場圏とに二分されてしまいます。その結果、工業の中心地たる上海と、長江流域の農村地帯を結びつけることによって成立していた経済のダイナミズムは、その「有機体」部分が破壊されることにより、一途に停滞の道をたどることになります。木越義則の推計によれば、開戦前と比べた中国全体の交易規模は、戦争末期にはほぼ一〇分の一の水準にまで縮小してしまいます（表3-2）。

それだけでなく、太平洋戦争勃発後は、次節でみるように米国など先進的な工業国との結びつきも失われてしまいます。特に華北・華中における日本の勢力下にある地域は、欧州・北米市場のみならず、南アジア、オセアニア、アフリカなどほとんどの外国市場を失ってしまいます。

## 2 「総力戦」がもたらしたもの

前節でみたように、日本軍は中国への軍事侵攻だけではなく、その政治経済的な統治にも関与を深めていきますが、それはかえって状況の泥沼化を招きました。その中で、日本におけるいわゆる「アジア主義」がその性質を大きく変容させ、「大東亜戦争」の思想的支柱ともいうべき「汎アジア主義」へと変容していきます。

本来アジア主義は、アジア全体を「弱者」とみて強者に対抗するという理想主義を内包していました。戦前の日本の対アジア政策を研究している松浦正孝の言葉を借りれば、日本のアジア主義者による「アジアの連帯は西洋帝国主義に対抗するためのものであり、アジアへの侵略は「中華帝国」に対抗することが出発点になって」いたのです（『「大東亜戦争」はなぜ起きたのか』）。日中戦争以降の「汎アジア主義」においては、まず後者のロジックが全面的に展開され、それが行き詰まった結果、「国民政府の黒幕である帝国主義者」として英米を敵視し、その大義名分として「アジアの連帯」が叫ばれるようになります。

例えば一九三九年に英国が中国に対して法幣の価値を安定させるための借款を供与したことをきっかけに、日本国内でかなり大規模な「反英デモ」が生じます。英国が蔣介石の国民政府に対して肩入れする姿勢を見せていたため、日本にとって許しがたい「敵」だとみなされていたのです。このような国内の反英感情を背景に、日本政府・軍部内における対英協調を通じて日中戦争の終結を図る試みは挫折を余儀なくされます。

ただこの段階では、「敵」とされていたのはあくまでも英国のみであり、米国とは英国と切り離してこれまでのような関係を続けていけるという考えが大勢を占めていました。それもそのはずで、満洲国の樹立を皮切りに進められた中国大陸における日本の勢大拡大は、石油などの戦略物資の輸入だけではなく資本投資の面においても、米国に大きく依存していたからです。当時の汎アジア主義には、米国と英国とは分離できるという見通しがあったからこそ、英国と国民政府を一体とみてこれを排斥する、という主張を展開できたのです。

しかし実際には、日本がいわゆる南進政策を開始すると米国はこれを警戒するようになり、国民政府との関係を強めていきます。例えば、一九四〇年には米国から国民政府へ軍用機の売却が行われるほか、一億ドルの借款が国民政府に対して与えられます。

一方、近衛内閣の政策ブレーンであった蠟山政道《ろうやままさみち》や三木清といった進歩的な知識人の間では、膠着《こうちゃく》化する日中間の戦局を打開するための手段が模索される中で「東亜協同体」というスローガンが盛んに唱えられます。例えば蠟山は、一九三八年に雑誌『改造』に発表された論考「東亜協同体の理論」において、近代国家の主権概念と民族自決主義の原理を使用する新しい秩序原理として、「東亜協同体」という広域秩序の原理を提示します。

彼らの「東亜協同体」構想は汎アジア主義のように「暴支膺懲《ぼうしようちょう》」、すなわち抗戦を続ける国民政府をひたすら武力で押さえつけることを主張するのではなく、むしろ中国の民族主義に一定の理解を示しつつ、国民政府との対話による地域の安定と共同発展を志向するというものでした。しかし、泥沼化する戦局の前に彼らの理想主義的な提案は現実的な力を持ちえず、結果として汎アジア主義的なイデオロギーに支えられた「大東亜共栄圏」の構想に飲み込まれていったと言えます。

## †通商圏をめぐる英米との対立

さて、このような汎アジア主義には二つの重要な側面がありました。一つは華南・台湾・東南アジアにおける通商圏を、英国など西洋の帝国主義列強と争奪する側面、もう一つは国民政府による（中華帝国の再現としての）国家統一を警戒し、蔣介石と対立する国民党内部の有力者を切り崩して傀儡政権を作らせ、中国を分割した上で、日本を盟主とする新しいアジアの秩序を形成するという側面です。二つ目の、傀儡政権を用いた国民政府への対抗という側面、またそれに伴う通貨政策などの経済政策の実情については、前節でみたとおりです。では、一つ目の「華南・台湾・東南アジアの通商圏を英国などと争奪する」とは、具体的にはどのようなことだったのでしょうか。

皮肉なことに、当時の日本には中国大陸への進出を強めるほど、軍需品の輸入と重化学工業化の進展のために欧米諸国への依存が高まっていく、という構造が存在していました。満洲、そして華北・華中と経済ブロックを拡大しても鉄鉱石や原油・ゴムなどの重要物資を十分に確保することはできず、むしろ経済建設を進めるほど「外貨不足」が深刻になっていきます。このため、それらの重要物資を産出する地域を勢力範囲とし、安定した供給を実現するためにさらに経済ブロックの拡大が必要になる、という悪循環に陥っていったのです。

結果として、「円ブロック」が石炭や鉄鉱石など鉱物資源を求めて「日満」から「日満支」へと、さらに資源を求めて南方諸地域を含む「大東亜共栄圏」構想へと拡大していく必然性はここにありました。

さらに、このような「大東亜共栄圏」構想は、日本をこれまでの「北進政策」から転じて英米蘭仏の植民地を占領するという「南進政策」に駆り立てていくことになります。英国植民地であったビルマを通じて重慶国民政府に物資を提供していた「援蔣ルート」の切断という目的のほか、米国に依存していた石油の代替的な供給先を求める必要性があったからです。

だがこのような「南進政策」の推進は、当然ながら欧米諸国との直接対決を余儀なくされることになります。そして一九四一年に日本が南部仏印（＝仏領インドシナ、現在のベトナム・ラオス・カンボジア）に進駐すると、英米との対立はもはや避けがたいものになります。米国にとっても、東南アジアにおける英蘭の植民地は、自国の物資の重要な輸出先だったからです。こうしてとうとう日本は対米英開戦へと突き進んで行くことになるのです。

## †日中の「総力戦」に対する認識の違い

このように日中戦争が泥沼に陥り、欧米諸国をも巻き込んだ広がりを見せる中で、戦局は双方の「総力戦」という様相を呈してきます。重慶国民政府では資源委員会が中心になって物資の調達を行う体制が作られたことはみたとおりです。日本も、事業法を含め様々な個別の経済統制が行われていましたが、一九三八年にはその集大成として「国家総動員法」が制定されます。一方で、国民党が日本との戦いによって経済運営の面でも苦しい状況に置かれる中、一九三七年の第二次国共合作で国民党との間に統一抗日戦線を築いていた中国共産党は、戦火から比較的遠い内陸農村に根拠地を構え、独自の土地の分配政策を行いながら、次第に勢力を拡大していきます。

大東亜戦争の経済的背景について詳しい経済史家の小林英夫は、宣戦布告もないままに始められ、そのままずるずると長期化・泥沼化していく日中戦争の本質を、あくまで「殲《せん》滅《めつ》戦」を戦おうとした日本と、初めからこれは「消耗戦」であるという認識を持っていた中国という両国を対比させることによって描き出そうとしています（『日中戦争――殲滅戦から消耗戦へ』）。すなわち、同じ「総力戦」を戦ったと言っても、その状況や「戦時動員」のあり方は日中でかなり異なっていたわけです。

この問題は、日本と中国における「総力戦」というものの認識の違いにとどまらず、それを支えた社会の成り立ちがどのようなものだったか、という点にまでかかわります。当時の日本国内でも、この点をめぐって知識人の間で様々な議論が闘わされました。ここでは、その中の論争の一つを紹介したいと思います。中国だけではなく日本をも含めたアジアの国々が、欧米諸国とは異なる独自の発展を遂げる可能性はあるのか、という点を巡って行われた、いわゆる中国共同体論争（＝平野・戒能論争）です。

これは、満鉄調査部によって一九四〇年から四四年にかけて行われた中国農村慣行調査の成果、特に調査対象地である華北農村における「村落共同体」の存在をめぐって、調査に参加した平野義太郎《よしたろう》と戒能通孝《かいのうみちたか》との間で激しい論争が繰り広げられたものです。

日本共産党の党員として検挙され、有罪判決を受けた経験も持つ平野義太郎は、いわゆる講座派マルクス主義の中心的な論客として出発しました。しかし、留置中に転向を表明してからは、次第に日本の中国大陸への関与を肯定する「大アジア主義」を唱えるようになっていきます。その議論の特徴は、中国と日本をともに村落共同体という共通の基盤を持つ同質的な社会としてとらえようとした点にあります。このような日中の村落共同体に同質性をみる平野の議論は、共通の土台を持つ日中が手を携えて欧米列強に対抗していくという、大アジア主義の主張につながっていくのです。

一方の戒能通孝は、調査対象であった華北農村に日本のような「村落共同体」は不在であることを主張します。そして、西洋や日本と比べたときの中国社会の「停滞」の要因を、その「村落共同体」の不在に求めました。戒能は、いわゆる村落共同体を「封建制」成立の基礎としてとらえ、社会の近代化を準備するものと理解します。そして、中国華北農村には、そのような封建制の基盤となる「村落共同体」の存在は見出しがたいとして平野を批判したのです。

東洋史研究者の旗田巍《たかし》は、精緻《せいち》な考察によってこの論争に検討を加えています。例えば、当時の中国の農村では、作物を盗む行為を防ぐために村人たちが共同で人を雇い、農地の監視に当たらせる「看青《かんせい》」という慣行がありました。これは一見すると共同体における相互扶助行為のように思えます。しかし旗田は、看青は農民が自己の利益を守るために行う極めて経済合理的な慣行であり、構成員に身分的な拘束を行う共同体的性格が希薄であることを示し、戒能の所説を支持したのです。中国農村に関する研究が進んだ現在では、少なくとも彼らが調査を行った華北農村では、日本の農村におけるような「共同体」的なつながりを見出すのが難しい、という見解が定説となっています。

このような日中における農村共同体の性格の違いは、「総力戦」を行うにあたって避けられない「戦時動員」のあり方の違いにも深くかかわるものでした。

戒能や旗田が指摘したように、伝統的な中国農村では、貧しい農民が経済的に地主やその土地に従属するケースはあったかもしれませんが、経済外の身分的な制約によって土地に縛り付けられることはほとんどなかったと考えられています。日本の小作農に比べ、逃げようと思えば他の地域に逃げるのは比較的容易だったからです。ここに、今でも戦時中を描いたドラマで繰り返される「赤紙一つで否応なく戦地に徴集されていった」という光景にみられる、共同体の束縛が強く、「逃げようにも逃げられない」日本社会との大きな状況の違いが存在します。

中国共産党の公式見解では、民国期を通じて農民間の経済格差が拡大したのに伴い、貧しい農家が主体となった「階級闘争」が激化した、ということになりますが、以上のような中国農村の性質を考えると、この説には無理があることがわかります。というのも、農村社会の流動性が高すぎて、「地主階級」が再生産されていくというよりは、むしろ自らの才覚や権力との関係を利用して一代限りの富を築く、というパターンが多かったと考えられるからです。近年の土地改革に関する実証研究によっても、それが共産党という外部の力によってかなり暴力的に行われたものであり、階級意識に目覚めた農民たちが自発的に行ったというにはほど遠い、ということが明らかにされています。

### †なぜ農地改革を受け入れたのか

そこで一つの疑問が生じることになります。そもそも伝統的な中国農村では、地主と小作農との間に「階級闘争」のようなものが生まれにくいのだとしたら、なぜ民国期の農民たちは共産党の指導する暴力的な土地改革を受け入れたのでしょうか。つまり、中国の伝統的な農村のあり方と、共産党による土地改革の成功という二つの現象との間には、一種のミッシングリンクが存在しているわけです。そのミッシングリンクをつなぐものとして歴史家たちが注目したのが、抗日戦争、国共内戦という二つの過酷な戦争による食糧と人員の「戦時徴発」の存在です。

中華民国期の農村史を専門とする笹川裕史は、主に土地の流動化が進み、不在地主と貧しい小作農との差が歴然としていた四川省を対象に研究を行い、そこでの食糧・人員の戦時徴発の実態を明らかにしました（『中華人民共和国誕生の社会史』）。四川省は国民党の「最後の砦」として抗日戦争ならびに国共内戦時にも重要な食糧・兵士の補給地としての役割を果たしたことでも知られています。

戦時徴発が厳しさを増す中で、貧しい小作農は次々に戦争にかり出されていきます。財力のある者は、身代わりに徴兵されるものを探し出して兵役を逃れることもできました。しかし貧しい者は徴兵に応じざるをえなかったばかりか、働き手の不在により小作料の徴収が滞ることを恐れた地主によって、小作契約を一方的に解消され、立ち退きを迫られることもしばしばでした。また、せっかく戦争が終わって戻ってきても、彼らを見る村の目は冷たいものでした。厳しい総力戦を勝ち抜くための戦時徴発は、明らかに農村における富めるものと貧しい者との格差を拡大し、後者の生存権を脅かすまでになりました。

そんな中で、生存を脅かされた貧者の怨嗟は身近な搾取者である在郷の地主に向かいました。また、農村における郷民代表会や地方議会など、民意をすくい上げるはずの機関の信頼は失墜し、郷村の伝統的な秩序は崩壊します。なぜなら、そういった機関の構成員や議員の多くも地主であり、むしろ、権力に近い者ほどあの手この手で食糧などの徴発から逃れようとしていたからです。

こうして、過酷な戦時徴発の実施は中国農村における疑似階級対立ともいうべき激しい闘争の原因となり、それが共産党の土地改革を受け入れる土壌を形成した、というわけです。この説明にはかなり説得力がありそうです。総力戦を遂行するという点においては、富裕層を標的とした階級闘争論や、それにもとづく土地改革を、政策手段として持ち合わせていた共産党の側が優位に立っていたからです。もちろん、四川省の事例だけから中国全体の状況を理解することには慎重であるべきでしょう。しかし、少なくとも内陸部農村における共産党の勢力拡大は、このような日本との総力戦がもたらした「戦時徴発」に対する一般の中国農民の反応、という観点を抜きにしては考えられないのも事実です。

## 3　日本の敗戦と国民政府の経済失政

さて、戦局は日に日に悪化し、連合国のポツダム宣言を受け入れて日本は敗戦を迎えます。日本社会では、先の戦争というと英米との戦いがいまだに想起されることが多いようですが、言うまでもなく、中国に対しての戦争においても日本は敗れたのです。

この中国の勝利と日本の敗戦に関する両国民の意識のギャップは、戦後七〇年になろうとする現在においてもなかなか埋まる気配がないようです。例えば、中国にとっての「終戦記念日」は九月三日で、これは日本が無条件降伏を受け入れる降伏文書にミズーリ号上で調印した翌日にあたります。この日に慶祝パレードを行った国民党だけでなく、中国共産党もソ連がこの日を「対ファシズム戦勝利記念日」としたのにならい、公式な抗日戦争勝利の日としたのです。そのため、いまでも九月三日にはテレビ番組で抗日戦争を扱った映画などが流されます。しかし、日本においてこの「終戦記念日」と「対抗日戦争勝利記念日」とのズレが意識されることはほとんどありません。

いずれにせよ、この無条件降伏により、日本は、すべての占領地から撤退し、支配地における「親日政権」も崩壊します。日本が降伏を宣言した八月一五日の時点で、蔣介石は重慶にてラジオ放送による談話を国内外に流します。それは、長い抗日戦争に勝利した中国の日本に対する方針を表明するもので、「報復を図らず、旧悪を思わず、人に善を為し、徳をもって恨みに報いる」という、中国の伝統的な美徳を強調する、いわゆる「以徳報恨」の演説として知られているものです。これはまた、中国が米英とともに三カ国名義で日本の降伏を促したポツダム宣言の基本精神を受け継ぐものでした。

このような国民政府による寛大な政策を受け、中国に在留する多くの日本人は日本へと送還されて行きました。その際、彼（女）らが中国で築いた私有財産は、中国人民の搾取の下に築かれたものとして国民政府に「接収」されます。のちに全日空の社長として中国に対する経済協力で中心的な役割を担う岡崎嘉平太《かへいた》は、上海から送還されるにあたり、中国総司令部から日本人の資産接収は戦時賠償の代わりであること、接収がスムースに進むならば日本に対し賠償の請求はしないことになっていること、を説明されたといいます。

しかしその背景には、日本人の資産を敵対する共産党に渡すわけにはいかない、という国民政府の明確な意思が込められていました。すなわち、国民政府の寛大な対日政策の裏には、中国で日本人が築いた資産を獲得して共産党との内戦に備えるという政治的なねらいがあったのです。

このような対日戦争への勝利を中国では「光復」と呼びました。「光復」を遂げた中華民国では、新憲法の下で国民党を中心とした連合政権による、新しい統治が始まるはずでした。しかし、政権の主導権を握った国民党は次第に独裁色を強め、民主的な政治の実現を期待した人々の間に失望が広がっていきます。国民党に失望し、次第に共産党を支持するようになった人々には、のちに共産党によって「右派」として弾圧される、いわゆる民主党派に属するリベラルな知識人も含まれていました。

こういったリベラルな知識人は、抗日戦争に勝利した後、孫文の遺訓に従い、少数のエリートに先導される「訓政」の後に来る政治体制である「憲政」が実現され、共産党や民主党派を含めた多様な意見の反映された民主的な政治体制が実現されるものと期待していました。一九四六年における、国共両党のみならず民主党派も参加して開催された政治協商会議は、そういった異なる立場の希望が結実したもののはずでした。

しかし、独裁色を強めた蔣介石の国民党は、自らに批判的な政治勢力を厳しく弾圧していくようになります。そのことに失望した民主党派の知識人は、自らの理想とする民主的な政治体制を、むしろ共産党によって主張された、連合政府体制のもとで実現することを夢見るようになっていきます。

### †国民党による戦後処理の失敗

「民主主義」「憲政」をないがしろにする国民政府の姿勢に知識人たちが失望した一方、一般の庶民たちは、その経済政策の無策に大いに失望感を味わうことになりました。その国民政府による戦後の経済政策は、以下の四つの柱からなっていました。

第一に、戦前からの保護貿易的傾向が強い関税政策から、米国主導のブレトン・ウッズ体制の一員としての自由貿易的な政策への転換です。

第二のものは、マーシャルプランに代表される米国からの資金援助を利用した戦後復興です。

第三が、台湾および東北における旧日本資産の接収と民間払下げ、および在華紡を接収した中国紡織建設公司など一部企業の国有化です。

そして最後に、戦前の日本占領地における聯銀券、汪兆銘政権の勢力下にあった華中における儲備銀券を法幣と交換し、回収する政策です。

これらの一連の戦後処理によって、本来ならば、第二次大戦後、台湾と東北を編入した新たな中華民国国民経済の形成が試みられるはずでした。抗日戦争期に英米を中心に行われた資金援助と統制貿易からの収入などにより、国民政府は巨額の外貨準備を抱えていました。また戦後は復興資金という形で米国を中心とした国連からの多額の資金が中国国内に流入します。このような豊富な外貨へのアクセスという好条件が、国民政府をしてIMF・GATT体制を軸にした自由主義的国際経済秩序への編入を基本的な方針とする戦後復興に踏み切らせることになります。

しかし、現実には国民政府の経済運営のまずさもあって、製造業を中心とした国内経済の停滞と混乱が生じることになります。政府による経済失政として、まず上海周辺を中心に流通していた聯銀券や儲備銀券といった親日政権が発行した通貨を回収する際に、実勢よりも過小評価された交換レートを適用し、法幣との交換を行ったことがあげられます。特に儲備銀券の過小評価の程度は大きく、それが流通していた上海を中心とする華中・華南地域では、国民党支配地域との経済取引によって流入する物資が高騰し、ひいては地域全体の物価水準の上昇につながったのです。

また、ブレトン・ウッズ体制に追随する形での自由主義的な貿易政策の採用は、大きな輸入の拡大を招きましたが、戦争で疲弊していた国内の産業は、それに見合うだけの輸出製品を生産することができませんでした。また法幣がドルに対して過大評価されていたこともあって、中国の経常収支は急速に悪化していきます。

このような経常収支の急激な悪化により、内戦期に入る前から法幣の価値は下落していきます。さらに、一九四六年の国共内戦の勃発以降、国民政府が「総力戦体制」のもとで肥大化する軍事費調達を貨幣濫発に頼るようになると、国民党支配地域は記録的なハイパー・インフレーションに見舞われます。貿易自由化政策と対ドル為替レートの過大評価により、輸入が急拡大して貿易赤字が拡大したのと並行して、内戦の戦費調達のため通貨を濫発した結果、物価の急騰が見られたのです。

また内陸農村部は、抗日戦争期に引き続いて厳しい食糧・兵役の戦時負担を強いられることになり、地域経済の深刻な疲弊がもたらされます。このほか、台湾では新たな統治者として現れた国民党系の軍隊・警察・役人の規律の低さから、日本統治下で教育を受けた本省人との間に社会的な摩擦が生じ、煙草の闇取引の取り締まりに端を発した二・二八事件のような大規模な社会的混乱を引き起こしました。

このように、一連の経済失政の影響は、そのまま都市および農村に住む人々の負担増加となって現れました。その背景として、第二次世界大戦が終結しても、戦前の成長を支えてきた長江市場圏のダイナミズムが復活しなかったことがあげられます。欧州市場の回復の遅れ、上海工業部門の米国の援助への依存、長江流域における農業部門の停滞などがその足かせとなったからです。そのような長江市場圏の停滞は、国民政府による経済政策の失敗のダメージをより深刻なものにしました。このため、国民党は次第に多くの国民の支持を失っていき、ついには、当初軍事的に圧倒的に優位にあったはずの共産党に対する敗北という事態を招くことになります。

そして一九四九年一〇月一日、中国共産党は国民党との内戦に勝利し、中華人民共和国の成立を宣言します。実際に共産党が現在の中華人民共和国を構成する全地域を掌握するのはもう少し後のことになりますが、いずれにせよこれ以降、中国は共産党政権の統治下に置かれることになるのです。

第四章
# 毛沢東時代の揺れ動く日中関係

周恩来と会談する石橋湛山（写真は一九五九年訪中時のもの）　写真提供：毎日新聞社

終戦後、連合国による占領期間を経て、一九五一年のサンフランシスコ講和条約により日本は独立を果たします。その際、日本政府は台湾の中華民国政府と国交を結び、大陸の中華人民共和国とは政府間の公式な関係が存在しない時期が二〇年以上続きました。正式な国交がない中で、日中間の経済関係はいわゆる「民間貿易」をベースに続けられていきます。

日本外交史を専門とする添谷芳秀は、日本の外交姿勢を、対米「協調」、対米「自主」、対米「独立」の三つの立場に分類しています（『日本外交と中国――一九四五―一九七二』）。

まず対米「協調」は、米国主導の国際秩序の中で軽武装を維持しつつ経済復興を目指す路線で、吉田茂によってその道が固められた「保守本流」の路線にあたります。

一方対米「自主」は、憲法九条改正と日米安全保障条約破棄による日本の再軍備や、中ソとの関係改善による対米関係の対等化を目指すなど、敗戦によって失われた日本の誇りを取り戻そう、という立場だといえるでしょう。この立場は自民党の中では基本的に非主流派でしたが、冷戦の終結以降、次第に影響力を強めていくことになります。

最後の対米「独立」路線も対米従属からの脱却を訴えますが、この立場は米国主導の国際秩序（＝パックス・アメリカーナ）を、日本に再軍備などの「逆コース」を強いるものとみなし、「平和主義」の立場から対米従属を批判したのです。

このような三つの外交姿勢は、米国に対する態度に規定される形で、それぞれに異なるやり方で中国との関係を模索していくことになります。第一の対米「協調」路線は、経済交流優先の立場から、LT貿易などの半官半民の経済関係を構築し、国交回復後の経済関係の緊密化の素地を築いていくことになります。第二の対米「自主」路線には、石橋湛山のように独自のリベラリズムの立場から米国の意向に従うのとは別の立場で中国やソ連との信頼関係を築こうとした政治家も含まれますが、基本的にはナショナリズムに立脚し、アジアでは東南アジアおよび台湾との関係を重視した外交を展開する姿勢で中国からは警戒されることになります。その代表的なケースが岸信介《のぶすけ》内閣でした。

そして対米「独立」路線は、米国に対する警戒感の裏返しとして「新中国」、つまり中華人民共和国を支持し、それに親しい態度をとることが多かったと言えるでしょう。そこには左翼思想としてのマオイズムへの共感などといったイデオロギー的な側面も関係してはいます。しかし、それにも増して重要なのが、いわゆる「平和主義」が普遍的な価値観として、戦後日本における左翼の共通項になってきた、という点です。

第二章で、一九三〇年代に行われた「支那統一化論争」を紹介しつつ、そこに一、「脱亜論」的中国批判、二、実利的日中友好論、三、「新中国」との連帯論、という三類型に分類される近代日本の中国に対するまなざしが反映されていることを指摘しました。そして、戦前から現在に至る日本人の中国観というのは、結局のところこの三つの類型にずっと規定され続けているのではないか、という問題提起を行いました。

上記のような対米「独立」路線は、侵略戦争に手を染めた日本に対して寛大な精神で臨み、アジア・アフリカ会議における「平和十原則」の提起に代表される、より高い理念に基づいた平和主義を唱えた「新しい中国」への贖罪意識および期待と敬意に結びついていました。同時に、戦後日本の平和主義には、結局のところ両国間で貿易を中心とした経済交流を行うことがお互いの利益になるのだから、イデオロギー的に相容れないことがあっても多少は目をつぶって、経済中心の関係を築いていくべきだという、より現実的・実利的な側面も確かに含まれていました。

その意味で、一九七二年における国交正常化とその後の日中蜜月の時代（＝「七二年体制」）まで、日中間の民間経済交流は、いわば二の実利的日中友好論の立場と、三の「新中国」との連帯を望む立場との同床異夢によって支えられていたといえるかもしれません。そこには、対米「独立」路線を志向する立場から、「新中国」との連帯を求めて政治的な運動に従事する人々が含まれていた一方で、むしろ実体は対米「協調」路線とも親和性が高い、実利的な日中友好論に立脚する人々が主流だったと思われます。

以下では、中華人民共和国成立以降の中国経済の歩みを振り返りつつ、その中で日中間の民間貿易を中心とした経済関係がどのように推移し、どのような要因によって左右されてきたのかを見ていくことにしましょう。

## 1 中華人民共和国の経済建設

### †中華人民共和国の成立とサンフランシスコ体制

中国共産党が中華人民共和国の成立を宣言したのは一九四九年一〇月一日ですが、この時点では国民党との内戦状態がまだ継続しており、実際に現在の中華人民共和国の統治領域を掌握するのは一九五〇年から五一年にかけてのことです。これ以降、国民党政権が支配する台湾を除く中国の大部分は共産党政権の統治下に置かれます。

中国共産党政権の成立、というとすぐに「社会主義国家が誕生した」というイメージがあるかもしれません。しかし、共産党は政権成立の当初から、計画経済の導入や生産手段の公有化といった社会主義化を推し進めようとしていたわけではありません。当初共産党政権が国づくりの基本方針として掲げていたのは「新民主主義」という概念でした。中国共産党はマルクス主義史観の立場から、自らが権力を掌握するまでの中国社会を、帝国主義諸国の侵略によって発展がゆがめられた「半植民地・半封建」社会であると考えていました。それゆえ、一九四九年の革命は公式には社会主義社会を実現する社会主義革命とはみなされませんでした。ただし、その革命は共産党によって指導されているため、西欧の資本主義社会を生み出したブルジョア民主主義革命とも異なります。そこで、それは新しい民主主義革命、すなわち「新民主主義」革命であると規定された、というわけです。

## †共産党主導下の経済建設

このようなイデオロギー的な背景はともかくとして、ここで注意すべきなのは、その当時の中国はまだまだ農業中心の経済だった、ということです。一九四九年の農村人口は総人口の八九・四％、一九五二年の対GDP比では第一次産業が五一・〇％でした。つまり、その当時の中国はそもそも社会主義に移行する前の段階の成熟した資本主義経済が成立しているとは言えない状況にあったのです。

共産党による戦後の経済政策は、まず戦時経済の混乱を収束させるところから始まりました。例えば、国共内戦期における戦費調達のための紙幣濫発によって生じたハイパー・インフレーションを、共産党政権は急激な貨幣回収政策によって抑え込みます。また、一九五〇年六月には「中華人民共和国土地改革法」が公布され、国民党の支配地域だった華中や華南でも土地改革が実施されます。これには、日中戦争や国共内戦によって窮乏化した貧困層に土地を与えて救済するという意図も込められていました。ただし、徹底した土地の再分配の結果、適正規模以下の零細な土地しか持たない自作農が大量に発生したことは、後の農業集団化への道を開くことになります。

さらに、国民政府系の金融機関や、旧満洲国のものを含む大規模鉱工業企業などは政府によって接収され、国営化が行われましたが、この時点では中国資本の私営企業は「民族資本」として容認されていました。もっとも、このような私営企業には、朝鮮戦争による軍需の増加を背景に政府機関や国営企業からの加工委託や生産受注が増加したこともあって、次第に国有セクターとの関係が密接になっていきます。

そんな中、一九五〇年には朝鮮戦争が生じ、誕生したばかりの中華人民共和国は北朝鮮側に立って参戦し、韓国・米国の連合国と激しい戦闘を繰り広げます。これを機に、中国と連合国の占領下にあった日本は否応なくアジアにおける冷戦の構図の中に組み込まれ、その後の両国関係は、基本的に米ソ冷戦を背景としたパワーゲームによって規定されることになります。

一九五一年九月に当時の吉田内閣は米国などとサンフランシスコ講和条約を結びます。その際、トルーマン政権の下で反ソ・反共の姿勢を明確にしていた米国は、中国封じ込め政策の一環として、日本に対し中華人民共和国とは国交を結ばないよう圧力をかけました。日本政府も結局これに追随し、一九五二年四月に台湾の中華民国政府との間に日華平和条約を結びます。これは中華民国政府を中国全土の正統な統治機構として認めるもので、この条約が長らく日中間の外交関係にとって最大の障壁となっていきます。また同時に、日中間の貿易関係も、米国によって主導されたココム（＝COCOM、対共産圏輸出統制委員会。日本は一九五二年に加盟）、あるいはチンコム（＝CHINCOM、対中国輸出統制委員会）などの対共産圏輸出制限処置によって制限され、厳格な対中禁輸措置が継続します。

これ以降、日中貿易の統制解除を求める民間の経済界および中国に親近感を抱く革新勢力（＝対米「独立」路線）と、対米関係を重視する立場から貿易の解禁に慎重な保守政権

（＝対米「協調」もしくは「自主」路線）との攻防が続いていくことになります。その中で日本政府は一つの現実的な対応として、いわゆる「政経分離」の立場、すなわちサンフランシスコ講和条約によって規定された枠組みの中で、台湾（＝中華民国政府）との政治外交関係を保つと同時に、戦前から相互に関係の深かった中華人民共和国との経済関係を築いていくという路線を模索していくことになります。一方で中国は、中国に親近感・贖罪意識を持つ民間との交流を中心に経済関係を次第に広げていき（＝積み上げ方式）、それに政治的関係をリンクさせることで（＝政経不可分）、米国主導で形成された東アジアの国際秩序に風穴を開けようとしていきます。

## †計画経済時代における経済システム

ここで、計画経済時代の中国のシステムについても簡単に触れておきたいと思います。

建国当初、中国政府は社会主義化を必ずしも急がないという方針を打ち出していたことは既に述べました。しかし、朝鮮戦争を一つの契機とする国際情勢の緊迫化によって、中国政府は、ソ連の計画経済の方針をまねた「五ヵ年計画」の実施と、生産手段の国有化・集団所有化を目指すという「社会主義改造」を急ぐことになります。第一次五ヵ年計画は一九五三年に始まりますが、これ以降生産に必要な物資は国家計画委員会と中央各部門とが統一的に分配することになり、市場での自由な交換は局地的な取引やブラックマーケットを除いて基本的に姿を消すことになります。

また、農業の集団化や鉱工業企業の国有化・集団化といった動きも急速に進みます。それに先立ち、「三反運動」「五反運動」など、民衆主体の運動を装いながら政府が上から組織した大衆動員的な政治運動も行われます。「五反」とは、贈賄・脱税・情報漏洩・手抜き工事・公共財の窃盗を指しますが、司法機関などの手続きを経ず、十分な証拠もないまま多くの私営企業家に精神的・肉体的な迫害も交えた厳しい追及が行われました。

こうして私営企業経営者に対する共産党政権の統制と監視が強化される中、鞍山鉄鋼、第一汽車などの大型の重化学工業企業が相次いで設立されました。それらの企業の中には、戦前の昭和製鋼所を前身とする鞍山鉄鋼など、日本資本の企業を接収したものも一定程度含まれていました。このようなソ連に範をとった急速な重化学工業中心の工業化は、経済成長に一定の効果を果たしたものの、同時にコストの肥大化と投資効率の低下ももたらしました。

一方、農村においては農業集団化が開始されます。農業集団化は、当初は互助組といわれる緩やかな協同組合のようなものが組織されましたが、次第に初級・高級合作社と呼ばれる、土地や生産手段の公有化を伴う集団化が本格化していくことになります。そして一九五六年末までに、私的所有権を放棄して労働に応じてのみ収穫を分配する高級農業生産合作社が農家の約九割を占めるにいたります。

次に、財政と金融についても見ておきましょう。計画期の財政システムを支えていたのは、社会主義改造による私営企業の国有（公有）化を経た後での、国有企業への資金・資源の集中でした。このことを通じて、政府が国有企業の資金収支を一元的に管理し、国有企業からの利潤上納が国家財政収入の中心を占めるようになります。その一方で、政府に集められた財源についても、国有部門を主体とした重化学工業への建設性投資へと重点的に配分される、という仕組みが形成されたわけです。

しかし、実際にはそのような中央集権的な財政制度は、一九五〇年代初頭の一時期にしか実施されませんでした。財政制度の運用は多くの場合「分級管理」、すなわち各級の地方政府が排他的に財政収入を徴収し、その一部を上級政府に上納するというやり方で行われました。つまり、かなり早い段階から制度上の「中央集権」と、現実の柔軟な財政制度の運用との間にはズレが生じていたわけです。

一方、金融面においても一九五〇年代後半以降の急進的な社会主義化の中で、従来の中国工商銀行や中国農業銀行といった市中銀行の機能はすべて中国人民銀行に集約されます。このような体制の下で、中国人民銀行はもっぱら「中央銀行」というよりも、経済計画の実施に必要な資金を融通する「国家の金庫番」としての役割を果たすことになります。

さて、こういった社会経済システム面での「社会主義改造」が完成すると、政治思想面での締め付けも強化されました。一九五六年、東欧のハンガリーで「ハンガリー動乱」として知られる民主的・民族主義的な反体制運動が生じたこともあって、国内の政府批判的な知識人の動向にも警戒の目が向けられたためです。中国国内でも、「百花斉放・百家争鳴」運動により、そういった民主党派の人々の抱えていた不満が厳しい共産党批判となって噴き出します。

しかし、その後発動された「反右派闘争」によって、その当時の言論状況をリードした章伯鈞《しょうはくきん》ら民主党派のリベラルな知識人は、徹底的な弾圧の対象になっていきます。こうした思想的な闘争が成功した背景には、社会主義改造により物質的な統制が強化され、人々が生活上の逃げ場を失ったことも、大きな要因として挙げられるでしょう。また、繰り返される政治闘争によって批判勢力を一掃したことは、その後の大躍進政策や文化大革命の暴走につながっていくことになります。

## 中国の「平和攻勢」と日中民間貿易

朝鮮戦争の休戦協定が結ばれた一九五〇年代前半は、中国がソ連の大きな影響を受けつつ、社会主義陣営に組み込まれ、冷戦が本格化していく時期でした。同時に、正式な国交がない中、日中間では「民間貿易」を通じた経済交流の道が模索されていくことになります。このような経済関係を中心とした民間外交の実施にあたっては、中国政府による日本の官民に対する「平和攻勢」と呼ばれる関係構築の働きかけが大きな影響を与えたことが知られています。

国交がない時代における対日民間外交を主導したキーパーソンが廖承志《りょうしょうし》です。廖承志は、国民党幹部の息子として東京に生まれ、流暢な日本語を話し、日本での人脈も豊富な知日派として知られました。日中戦争勃発後、香港を拠点に華僑工作に従事していた廖は、中華人民共和国の建国後、周恩来の片腕として、対日工作で中心的役割を担うようになります。

さて、この時期の日中関係の大きな特徴は「民間」が重要な役割を果たした点にあります。その背景として、政府間の国交が断絶する中で、中国に対する大きな関心と侵略への贖罪意識を持つ日本の財界人や元軍人など民間人の間に、政府交流への強い要望があったことが指摘できます。

また、中国政府が対日工作の基本方針として「以民促官（＝民間をもって政府を促す）」を掲げていたことにも留意しておく必要があるでしょう。これは、「帝国主義者と人民を区別する」といういわゆる「二分論」の姿勢をベースにしていました。すなわち、「中国政府は「政府」と「人民」を区別し、民間勢力との友好関係を積み上げ、日本人民を取り込み、最終的に政府間関係の構築への圧力を強めていくことをねらいとしていた」のです（井上正也『日中国交正常化の政治史』）。このように日本の官民各界と個別にパイプを築き、民間協定の締結などの具体的な成果を積み重ねていくことを通じ、サンフランシスコ体制の枠組みを打破する日中関係の構築を模索する、というのが中国政府の方針となります。

占領下で、日本の政府関係者は共産圏への渡航が原則的に禁止されていました。その政治的空白を補う形で、共産圏の国々との貿易の推進を担う民間団体が相次いで設立されます。初期の日中間の民間貿易に関わった組織は以下の四つでした。まず、日本共産党の強い影響下に成立した日中貿易促進会は、「誤った中国観をただし、両国の相互理解を深め、経済発展のための日中貿易を促す」という明確な政治的メッセージを掲げて活動を行います。それに対し、保守系も含めた親中国派の経済人によって共産圏との「東西貿易」促進のために設立されたのが日本国際貿易促進協会（＝国貿促）です。このほか、通産省の補助金を受けた業界組織である日中輸出入組合や、一九四九年に超党派の国会議員九〇名で設立された日中貿易促進議員連盟も、民間貿易の推進に寄与しました。

このように中国による対日アプローチに日本の官民が呼応した経済関係の成果は、第一次から四次までの「日中民間貿易協定」に結実しました。一九五二年には、欧州内で自由主義陣営と社会主義陣営との間の貿易を促進しようと国際経済会議がモスクワで開催され、いわゆる「東西貿易」の枠組みが作られます。また同年には、国際経済会議日本代表の高良とみらが訪中し、六月に北京で第一次日中民間貿易協定が調印されます。そして一九五四年の秋に東京と大阪で、日中貿易の促進団体として前述の国貿促と同協会の関西総局が設立されたのです。

一九五四年にソ連や中国との関係回復を重視し対米「自主」外交を掲げる鳩山内閣が成立したこともあり、中国の「平和攻勢」に呼応した日中民間貿易の取り組みは順調に進められていきます。また、石橋湛山や高碕達之助といった中国との関係に特別の思い入れを抱いた閣僚も、このような鳩山内閣の中国に対する積極姿勢を支えました。

特に戦時中、国策会社の満洲重工業（＝満業）総裁として満洲国の経済建設にかかわった経験を持ち、中国に広い人脈を持つ高碕は、その後の日中民間貿易の象徴的存在になっていきます。財界から経済審議庁長官として入閣していた一九五五年に、高碕はインドネシアのバンドンで開かれた第一回アジア・アフリカ会議に日本側代表として出席し、中国側の代表として参加した周恩来と会議場となったホテルで会談します。そこで、両国の半政府機関をお互いに派遣したうえでルールにのっとった貿易を行うという、のちのLT貿易の原形的なアイディアが交わされたようです。

このような鳩山首相の日中「民間交流」に対する積極的な姿勢もあって、一九五五年の第三次日中民間貿易協定では、決済方法の改善、見本市の相互開催、政府間協定の締結が協定本文に記されるなど、民間協定として大きな前進を見せました。この時期の対中ビジネスについて、当時の日中民間貿易を推進する立場にあった人物は次のように証言しています（吉澤宏始「貿易からみた日中国交回復へのあゆみ」）。

化学肥料などは大口の有り難い買手が中国でした。こういうことが分かりますと、中国は消費財は買わないが、生産財は、よく買うということが分かり、肥料とか鉄鋼などの大企業のメーカーは中国の国営貿易会社と積極的にまとまった貿易をしたいと提案するようになりました。五五年に木造漁船の大量契約ができた時は瀬戸内の中小造船業界では中国ブームが起こりました。

第三次日中民間貿易協定締結と前後して、学術・文化交流を含む日中の民間交流が活発化します。一九五五年に東京と大阪で中華人民共和国成立後初の中国見本市が開かれたのに続き、翌五六年には北京と上海で日本商品の見本市が開かれ、いずれも多数の来場者を迎えました。

このように、日本側は「できるだけ政府間の公式な関係を結ばずに経済関係を強化したい（＝政経分離）」、中国側は「経済関係や民間協定を積み上げていずれは政府間の関係につなげたい（＝政経不可分）」という大きな思惑の違いはありましたが、経済を中心とした民間の日中交流は確実に深まっていくかのように見えました。しかし、一九五〇年代後半の岸内閣による外交姿勢の転換と、中国国内の政治の急進化によって、日中間の経済交流にも暗雲が立ち込めることになります。

## 2 「政経分離」と「政経不可分」との対立

### †独自の社会主義路線の追求

ここで、当時の中国の経済状況について少し説明しておきましょう。

毛沢東時代における中国の「計画経済」は、本家本元であるソ連型の計画経済を忠実になぞった第一次五ヵ年計画の時期を除いて、あまりまともに機能しませんでした。計画経済の実施においては、各種財の需給の均衡を図るために「物財バランス法」が採用されましたが、中国の計画当局により作成されたそれは、お手本としたソ連と比べても、はるかに少ない品目の財についてしか扱うことができない、お粗末なものでした。

このような貧弱な情報処理能力しか持たない計画当局によって、経済活動が統制されるようになると、どのような事態が生じるでしょうか。政府の「計画」あるいは「指令」によっては様々な財の需給のバランスを図ることがかなわないため、そのゆがみは、あるときは生産要素の深刻な余剰、そしてあるときは深刻な不足となって現れます。

このため、毛沢東時代の中国では、その建国期から余剰労働力の解消や失業の解決といった問題が、取り組むべき深刻な政策課題として浮上していました。このような状況はまた、厳しい国際環境の中で建国を迎えた中国が、いわば富国強兵の必要性から、本来中国が比較優位を持つ、労働集約的（＝資本節約的）な軽工業ではなく、資本集約的（＝労働節約的）な重化学工業の建設を優先したことから必然的に生じた結果だと言えます。同じだけのGDPの成長を記録したとしても、資本集約的な工業中心の経済では、より少ない労働力しか必要とされないため、工業部門では慢性的に労働力の余剰が生じがちになるからです。

この時期の重化学優先戦略は、端的に言えば農村・農民からの収奪によって成り立っていました。農民から相対的に低い価格で農産物を買い取り、都市の工業労働者に供給することで労賃も低く抑えられました。このようにして都市の工業部門には積極的な設備投資に回すだけの高利潤が確保され、高成長を支えていたのです。すでに述べたように、中国では一九五〇年代後半、農業の集団化が急速に進められる中で、「戸口（戸籍）登記管理条例」によって厳格な戸籍制度がしかれ、農村から都市への流入に対して非常に高いハードルが設けられます。これも、農村からの収奪が固定化されていく中で、都市における慢性的な人員余剰をこれ以上悪化させないようにしよう、という配慮が働いたものといえるでしょう。

そして、そのような慢性化した生産要素の過不足を調整する、体のよいバッファーの役割を担わされたのが、当時の職場を中心に形成された社会生活の基礎組織「単位《タンウェイ》」の保護からはみ出た、季節労働者・日雇い労働者などの「臨時工」に他なりませんでした。その多くが農村からの流入者、あるいは都市のインフォーマルセクター出身だったこれら臨時工の割合は、多い時期には都市工業労働者全体の約一〇%、水利・建設部門に限っては四〇%以上に達していたといわれます。

## †大躍進政策は何をもたらしたか

そんな中、一九五八年五月の中共第八回全国大会第二回会議で、「社会主義建設の総路線」が採択され、いわゆる大躍進政策が開始されます。この政策の転換にあたっては、一九五三年のスターリン死去、その後のソ連の指導者フルシチョフによるスターリン批判などをきっかけとしたいわゆる中ソ対立が影を落としています。スターリン時代のソ連と密接な関係を築いていた中国共産党は、米国との融和を図るフルシチョフの路線を修正主義であるとして批判し、以後、両国は対立を深めていきます。それとともに、中国はそれまでのソ連をお手本とした計画経済のモデルを脱却して、独自の社会主義路線を追求していくようになります。

その代表的な動きが大躍進政策の実施と、人民公社の建設でした。一九五八年から六〇年にかけての中国では、「鉄鋼や石炭などの生産量で一五年間以内に英国を追い越す」といった、当時としては非現実的な目標が掲げられ、大規模な大衆動員によって穀物・鉄鋼の増産、水利施設の建設などを目指そうとする社会運動が行われました。

また、この大躍進政策と並行して、それまでの高級合作社を合併した農業の大規模な集団化、すなわち人民公社の組織化が全国的に進められました。人民公社でその完成形態をみることになる農業集団化の過程では、土地などすべての生産手段が共有の財産とされるほか、農家が収穫した農業生産物もいったんすべて公社もしくはその下部組織である生産隊のものとされ、その後平等に分配されました。しかしこれは、明らかに個々の農家の生産への意欲を失わせるものでした。特に大躍進期には鉄鋼の生産に労働力が奪われたことに加え、穀物生産の水増し報告も横行し、多くの農村で収穫された穀物のほとんどが徴収された結果、食糧備蓄が底をつき、全国的な大飢饉の発生につながります。この大飢饉は、一九五八〜六〇年の三年間で、政府の公式統計に基づいた推計に限っても三〇〇〇万人を超す餓死者が出たことが明らかになっている、悲惨なものでした。

また、大躍進期に行われた大胆な地方分権化は、工業などにも大きな影響を及ぼしました。この時期、全体の八八％の国有企業が地方政府の管轄となり、一九五七年には九三〇〇あった中央管轄の国有企業は、一九五八年には一二〇〇にまで減少したといわれます。国家財政収入において中心的な役割を占めていた国有企業が地方政府によって管轄される状況が進んだことは、中央集権的な財政システムにも根本的な見直しを迫るものでした。そうした行き過ぎた地方分権化は、無秩序な投資・生産拡大をもたらし、食糧や物資の不足および物価上昇などの大混乱を招きました。

このように大躍進期には「独自の社会主義路線」を目指す政治の急進化が、経済システム全般にゆがみをもたらしました。対外貿易政策についても、ソ連との関係悪化を背景に、この時期から他国との貿易に頼らない自給自足可能な経済体制を目指す「自力更生」路線が唱えられるようになります。このような対外貿易政策の転換は、当然ながらそれまで「積み上げ方式」によって着々と進められてきた、日中間の民間貿易にも影響を及ぼします。

## †岸内閣の成立と日中関係の悪化

日中関係の改善に意欲を見せた石橋湛山内閣は石橋の病気によって短命に終わり、一九五七年には岸信介が首相の座に就きます。岸は戦前官僚として満洲国の経営に関わり、A級戦犯容疑者として取り調べられた経歴を持つほか、強い反共、親台湾の姿勢で知られていましたので、それまで比較的順調に行われていた日中民間貿易に対しても影響を及ぼすのではないかと懸念されていました。実際、日中間の民間外交は岸の在任中に大揺れを経験することになります。

といっても、もともと岸の姿勢はアジア外交において経済交流を重視するというもので、中国に対してもその姿勢は変わりませんでした。岸は首相就任後、積極的に東南アジア諸国および台湾を訪問し、それらの国々に大規模な経済支援を約束することをもって一種の戦後賠償にあてる、といういわゆる援助外交を次々と繰り広げていきます。第三章でふれたように、東南アジアはかつて日本が「大東亜共栄圏」の下で人員・物資の動員を行い、苛烈な戦闘の舞台となった地域ですが、その当時は東南アジア諸国の多くと講和が成立しておらず、これらの国々との関係構築は重要な課題でした。

その一方で、岸内閣は中国に対して「政経分離」の方針を明確に打ち出し、政治的にはあくまでも中華民国政府とのパイプを強くするものの、政府を介入させない民間の貿易関係はむしろ積極に行おうという姿勢を見せていました。しかし、岸が東南アジアと台湾で繰り広げた外交は、中国政府によって「反共」的だと受け止められ、それに対する反発が両国の経済関係にもひびを入れていくことになります。

この時期の日中間の経済関係にとって決定的に重要だったのは、台湾の中華民国政府との関係をどうするか、という問題でした。というのも、一九五八年の第四次日中民間貿易協定では、政治面でより一層踏み込んだ内容が盛り込まれたからです。

問題となったのが、貿易の実務を行うために両国に置かれた通商代表部およびその所属員の待遇について、出入国の便宜や通関の優遇、旅行の自由を与え、さらに国旗掲揚の権利を有する、として明記したことでした。特に、日本国内での中華人民共和国の国旗、すなわち五星紅旗掲揚の権利を認めるかどうかをめぐって、自民党内でも親台湾派の保守派勢力を中心に協定への批判が強まります。さらに、中華民国政府もこの協定に対し、より強硬な反発の姿勢を露わにし、両政府間の外交問題に発展します。これがいわゆる「日華紛争」で、親台湾の姿勢を明確にしていた岸内閣はこれ以降中華民国政府への対応に苦慮することになります。

このような状況を受けて岸内閣は一九五八年四月、それまで日中民間貿易の窓口になっていた日本側の三団体（日本国際貿易促進協会、日中貿易促進議員連盟、および日中輸出入組合）に対し、「第四次民間「日中貿易協定」の精神を尊重し、わが国内諸法令の範囲で、かつ、（中華人民共和国）政府を承認していないことにもとづき、現存の国際関係をも考慮し、貿易拡大の目的が達成せられるよう支持と協力を与える」と回答を行います。また蔣介石に対しては「民間通商代表部に中共の国旗を掲げる権利を認めることのできないのは当然」という書簡を送ったと伝えられます。これは、政府としてあくまで政経分離の方針を貫く、貿易を行うために政治的な譲歩はしない、という強い姿勢を示したものと受け止められました。

これに対し同年四月一三日、中国国際貿易促進委員会の南漢宸《なんかんしん》主席は、日本側の調印二団体にあてた長文の電報で、この日本政府の回答について、六項目にわたって誠意のなさを指摘し、「日本政府の回答は受け入れることができない」と通告を行いました。これにより、第四次日中民間貿易協定は暗礁に乗り上げます。

このような中国の強硬姿勢の背景には、前述のように中国が独自の社会主義路線を強める中で、鉄鋼などの重化学工業の「冒進」路線（＝生産拡大路線）をめぐって、毛沢東と周恩来ら穏健派との対立が生じ、最終的に周が自らの「反冒進」的姿勢を自己批判するという中国内部の政治状況がありました。その結果、対日外交を担っていた周恩来の政治的地位が後退し、外交の局面でも毛沢東の意思が前面に出てくることになったのです。このことは、この時期の中国政府の日本に対する外交姿勢が強硬に転じたことにも、少なからず影響したと考えられています。

またそれに加えて、岸内閣の強硬な姿勢が中国の大国としてのメンツを刺激した、という見方もあります。すなわち、「中国は日本と通商しなければやっていけない」「中国が生産において日本に頼らないといけない」という姿勢に対し中国政府は侮辱されたように感じ、これらの姿勢に反撃しないと大国としての尊厳やメンツが保てなくなるのではないか、と考えていたというわけです（王偉彬『中国と日本の外交政策』）。

さらに一九五八年、日中間の関係を決定的に損なう事件が生じます。五月二日、長崎市浜町のデパートで開催された日中友好協会長崎支部主催の中国切手・切り紙展覧会で、会場に掲げられていた中国の国旗を右翼男性が引きずり下ろす事件が発生したのです。これがいわゆる「長崎国旗事件」です。「日華紛争」によって、日本国内における五星紅旗の掲揚が政治的にセンシティヴな意味を持っていたことを背景に生じた事件でした。

この事件の発生に対し、日本政府は「五星紅旗は未承認国家の国旗に過ぎないから」という理由で単なる器物損壊として処理し、男も逮捕された後、即日釈放されました。しかし、この日本政府の姿勢は当然ながら中国側をいたく刺激します。当時の陳毅《ちんき》外相は、「五月一一日を以て日中間の文化、経済交流をすべて断絶する」と宣言し、いわゆる「日中断交」と呼ばれる事態に発展したのです。ただし、この時の日中民間交流に対する中国政府の姿勢は、あくまでも「「断」すれども「絶」せず」、すなわち岸政権とは対話も接触も行わないが、日本国内の左派勢力や日中友好人士、それに岸政権の中国敵視政策打倒に有利な人間とは積極的に付き合う、というものだったとも言われます。

そうはいっても、この「日中断交」はそれまで続いてきた日中の経済関係に大きな打撃を与えました。貿易は落ち込み、鉄鋼業界や化学肥料業界では長期契約、大量契約、合成繊維プラントや肥料プラントの販売などもストップします。これはまた、それまでの民間貿易協定の背景となっていた、「政経分離」という方式の限界を示すものでもありました。日本側の「政経分離」と中国の「政経不可分」という、日中の経済交流をめぐる両国の「同床異夢」は、これでいったん終焉することになります。

図4-1　中国の対日貿易額の推移

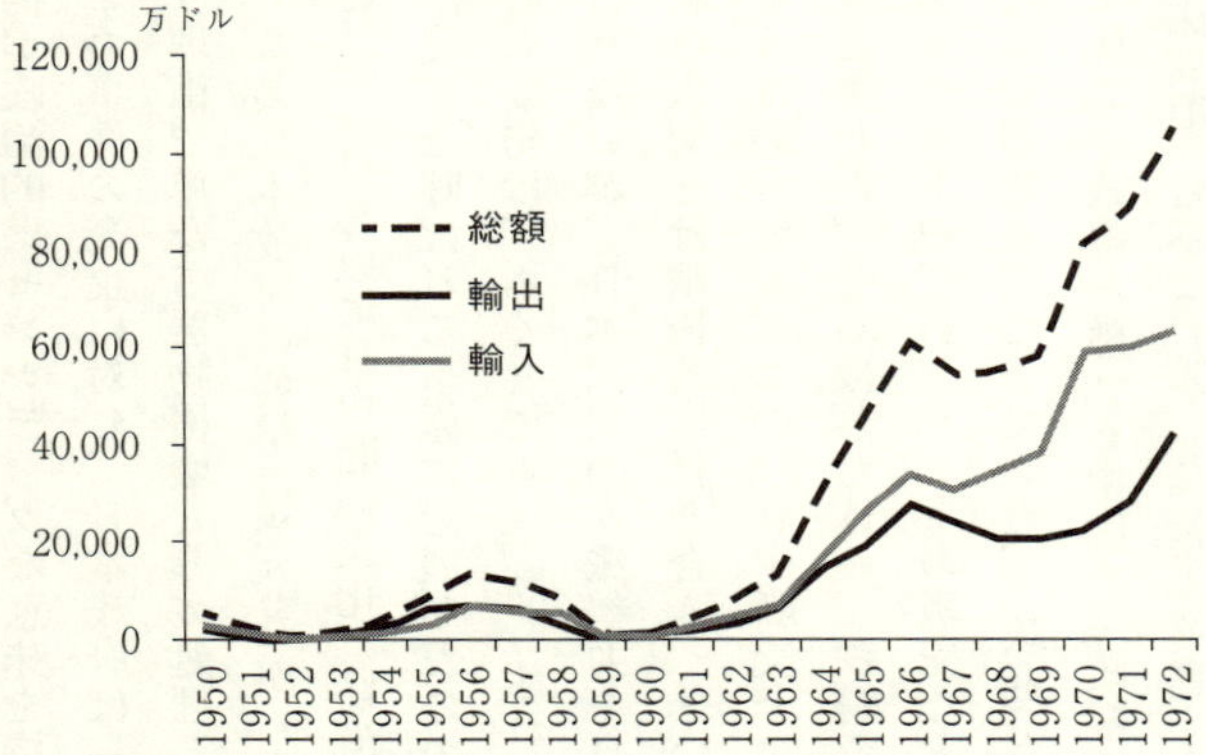


出所：《当代中国》叢書編集委員会（1992）『当代中国対外貿易』当代中国出版社

## †友好貿易とLT貿易

一九五〇年代を通じて構築されてきた日中民間交流は、前述の長崎国旗事件を契機に断絶します。一九五〇年から七二年までの日中間の貿易額の推移を見たグラフ（図4-1）を見れば、一九五八年以降の数年間における「断交」の影響は一目瞭然でしょう。

これ以降、中国政府は、①中国を敵視しない、②二つの中国をつくる陰謀に加担しない、③国交正常化を妨げない、という日中政治三原則を提示し、民間の経済交流であってもこの原則を認めない団体には門戸を開かないという強硬な姿勢をとりました。このような日中断交下で、なんとか日中関係を改善しようと様々な試みが行われます。

例えば一九五九年には、石橋湛山前首相の訪中が実現します。石橋は、中国政府が示した「政治三原則」を、革新勢力のようにそのまま受け入れるのではなく、日本側からも条件を提示することで(=石橋三原則)、日米関係の変更を関係修復の前提とする中国側の姿勢に異を唱えつつ、日中関係再構築の協議を行おうとしました。しかし、中国政府の岸内閣への不信感は根強く、双方の溝を埋めるには至りませんでした。

そんな中でも、経済交流を何とか続けていこうという試みは継続して行われました。それが友好貿易とLT貿易です。いずれも政治的な関係が冷え込む中で、中国の対日政策の強い影響を受けつつ行われた民間貿易という側面を持ちますが、この二つの担い手や貿易の性格は明確に異なっていました。前者は、中国側が提示する一連の政治的な条件を受け入れた商社に限って貿易を認めるというものでした。それに対し、対米従属を堅持したまま経済的関係を受け入れるという日本政府の従来の「政経分離」に沿った形での貿易形態として構想されたのがLT貿易です。

安保反対運動によって岸内閣が倒れると、所得倍増など経済成長優先の路線を掲げる池田勇人内閣による硬直した日中関係への打開策が模索されます。自民党の内部でも、石橋湛山や松村謙三などの親中国派の政治家が、池田内閣の対中政策が岸内閣と異なることを強調し、政治条件を棚上げした経済関係の構築を目指しました。しかし、中国政府は前述の政治三原則と貿易関係とを結びつける「政経不可分」にこだわり、状況はなかなか改善しませんでした。

ただ、一九六〇年代になって大躍進の失敗が明らかになると同時に、中ソ対立が深刻化し、技術指導に当たっていた技術者がソ連に引き上げたり、両国の貿易に制限が加えられたりするようになると、中国政府も西側諸国との貿易拡大を真剣に模索するようになります。そういった中国側の姿勢の変化を象徴するのが、一九六〇年に周恩来首相による談話という形で提示された貿易三原則です。これは、①すべての貿易協定は政府間協定を原則とする、②政府間協定がなくても友好を基礎とする個別の民間契約を結ぶことができる、③日本の中小企業に困難がある場合は個別的配慮をすることができる、というものです。このうち、三つ目の「個別的配慮」の対象となったのは漆、甘栗、中華食材などで、総評および社会党が日本側の輸入窓口となりました。

この三原則に基づいて、長崎国旗事件以来断絶状態だった日中の貿易がようやく再開されます。これがいわゆる友好貿易で、民間貿易協定を結ばず、中国の提示する方針を受け入れた日本の商社（＝友好商社）を相手に、年に一度広州市で開かれる交易会で商談を行い、一社ごとに貿易契約を行うというイレギュラーな形で行われるものでした。一九六二年一二月には友好貿易に関する「議定書」が取り交わされ、枠組みが制度化されます。これに日中貿易促進会、日本国際貿易促進協会、中国国際貿易促進委員会の三団体が署名しました。

友好商社による恩恵的な貿易は包括的な協定に基づくものではなかったため、様々な限界がありました。例えば、アメリカや台湾と取引のある大手商社やメーカーは貿易に参加することができなかったため、特別にダミー会社を設立する必要がありました。また、貿易に関わっていた中小企業には社会党や共産党と関係の深いものも多く、それらが日中貿易の主導権を握ることは自民党政権にとっては苦々しい事態であり、政府が何らかの形で拡大しつつあった日中貿易に関与していく必要が指摘されていました。

## †ぬぐえない相互の不信感

そこで半官半民の新方式として、両国政府の肝いりで始められたのがいわゆる「LT貿易」です。中国共産党随一の知日派として交渉にあたった廖承志と、一九五五年のバンドン会議で周恩来との信頼関係を築いていた高碕達之助がその立役者で、両者の頭文字を取って「LT貿易」と呼ばれるようになったのです。

一九六二年一一月に北京で交わされた「日中総合貿易に関する覚書」では、五年間の協定で、貿易を長期的・計画的に行うこと、双方の輸出入品目を掲げること、プラントの延べ払いの可能性を明記すること、両国間に連絡事務所を設けること、などが明記されました。表向きはそれまでの民間の貿易協定と同じ扱いでしたが、事実上両国政府のお墨付きで行われた半官半民の準政府間協定だったことがそれまでとの大きな違いでした。この協定における輸出入品目として、中国側は石炭・鉄鉱石など製鉄原料が並び、日本側は鉄鋼・化学品・プラント・機械などが列記されました。

特に重要なのは、このLT貿易の協定によって、大型の工業施設一式の輸出を意味するプラント輸出と、その輸入代金の支払いの際に、日本輸出入銀行による低利の延べ払い融資を認めたことです。この延べ払い融資を利用して、一九六三年には倉敷レイヨン（現クラレ）によるビニロン・プラントの輸出が決定されます。ただし、これに対しては「実質的な経済援助ではないか」という台湾側の強い反発がありました。おりしも、来日中の中国人通訳が台湾への亡命を求めてソ連大使館に駆け込むという事件（＝周鴻慶《しゅうこうけい》事件）があり、亡命した人物の中国送還をめぐって日本と台湾の国民政府との関係はさらにこじれました。

日本でも、「中共との対等な貿易はよいが、援助をすべきではない」といった批判の声が聞かれるようになります。それに対して、プラント輸出を主導した倉敷レイヨン社長の大原總一郎は、「全アジアの平均程度の繊維消費に甘んじている中国の住民が、正常な取引を通じて、繊維製造設備を求めることを拒否する正当な理由があるであろうか」と反論しています（「わが社のプラント輸出に関する批判に対して」）。

この問題については、こじれた日華関係を修復しようと吉田茂元首相が台湾を訪れて蔣介石総統と会談し、今後の対中プラント輸出に関しては基本的に輸銀ではなく、市中銀行を通じた融資を行うという方針を明確にしたいわゆる「吉田書簡」が公表され、中華民国政府への配慮を示す形で収束が図られました。これによって、倉敷レイヨンに続いて話が進んでいた、日紡によるプラント輸出の案件は頓挫します。当時の池田内閣は日中貿易の拡大に積極的でしたが、中華民国政府からの相次ぐ抗議や対中貿易の拡大を警戒する自民党内の勢力からの圧力により、思うように成果をあげることができないまま、病気療養により退陣しました。

次の佐藤栄作内閣の時代になると、中ソ関係の悪化などを受けて国際情勢は大きく変化し、日中関係もそれによって影響を受けることになります。当初より、中国政府は佐藤内閣を共産主義に敵対し、親台湾的な外交を進める立場だとみなし、警戒を隠しませんでした。ただし、佐藤自身は就任当初から、あらゆる可能な分野で日中の接触を深めることや輸銀ベースの対中経済協力を推進することを表明するなど、中国問題を沖縄問題と並ぶ「最重要課題」と位置づけていたようです。

しかし、その対中姿勢は、「二つの中国」政策を前提にしていた池田内閣とは微妙にニュアンスが異なるものでした。特に、一九六四年のトンキン湾事件以降米国がベトナム戦争に本格的に介入していくようになると、対米関係を重視せざるを得ない日本政府にとって、北ベトナムを支援する中国との関係を維持していくことはますます難しくなっていきます。例えば、一九六六年の国連総会で日本政府は、米国などとともに国連中国代表権問題に関する「重要事項指定決議案」の共同提案国となりました。これには、中国の国連加盟が認められた場合は台湾が国連を脱退するだろう、という佐藤内閣の現実的な見通しが反映されていたと考えられます。つまり、あくまで中華民国政府を正統な政権とみなす立場を堅持したい佐藤内閣は、中国の国連加盟ができるだけ先延ばしされるよう、慎重な姿勢を取り続けたわけです。

これらの佐藤内閣の姿勢は、中国政府にとってはその前の池田内閣よりも親米・親台湾的だとみなされ、日中間の経済関係にも影響を与えていくことになります。一九六五年四月、台湾に対する円借款に関する協定が妥結され、輸銀による融資が認められたことも、中国政府の態度を硬化させる大きな要因になりました。佐藤内閣は、懸案事項となっていた対中プラント輸出問題において先述の吉田書簡を破棄せず、輸銀による融資に難色を示していたからです。そのように日中関係が悪化する中で、当時交渉中であった多くのプラント輸出の商談も中止されます。そんな中、今度は中国の国内政治が文化大革命によって大きく動揺します。

## 3 文化大革命期の民間貿易

### †経済調整政策から文化大革命へ

中国国内の動きに話を戻します。大躍進政策は、重工業生産のやみくもな拡大が深刻な食糧不足と大飢饉をもたらすなど散々な結果に終わりました。その後の経済調整期では、社会保障負担の大きい固定工を抱え込みすぎた国有企業の負担を軽くするため、「固定工の臨時工化」によって、労働市場の流動性を高めるなどの政策の転換が行われます。それを主導したのが、劉少奇《りゅしょうき》や鄧小平らといった現実主義的な指導者、すなわち文革期において「実権派」として批判された人々でした。雇用の流動化、農産物の市場流通の容認など、一部市場原理を取り入れた現実路線の採用により、経済は回復に向かいます。

しかし、このような官僚やテクノクラートによる効率的管理に対し、毛沢東は大きな不満を抱いていました。毛沢東はいわゆる四人組（＝毛沢東夫人の江青《こうせい》、張春橋《ちょうしゅんきょう》、姚文元《ようぶんげん》、王洪文《おうこうぶん》）ら急進派とともに劉少奇らの追い落としを図る目的で「官僚支配の打破・平等な分配・自給自足的生産の推進」を目標に掲げた文化大革命を発動します。

さて、そもそも「文革」とはなんであったのか。一口に文革といっても、紅衛兵による造反運動を通じた混乱の時期（一九六六～一九六九年）と、各地に革命委員会が成立し政治状況が比較的安定した時期（一九七〇～一九七六年）とに分けて理解する必要があります。

政治運動の観点から初期の文革をみるとき、それは共産党上層部の権力闘争、紅衛兵や労働者による暴力を伴う大衆運動、エリート・知識人に対する迫害、大衆運動に参加する組織間の抗争、公権力による大衆の弾圧・粛清など、異なる様相が絡まり合った複雑な現象だということが、最近の研究になって次第に明らかになっています。

この中で日本でもよく知られているのは、当時の社会秩序のあり方に不満を抱いていた紅衛兵（＝毛沢東を熱烈に支持する青年や学生）、あるいは臨時工として周辺部に追いやられていた労働者などの都市民が、暴力を伴う大衆運動、すなわち造反運動を繰り広げ、役人や知識人を迫害し、既存の秩序を破壊するという現象でしょう。

このような造反運動について、文革期の「政治言語」の特徴に注目してその分析を行った吉越弘泰は、「毛沢東や中央文革などの文章やアジテーションが「出身不好」の造反派紅衛兵をはじめ当時の共産党統治に抑圧感を感じていた者たちにとって圧倒的な解放の言語経験であった」と述べています（『威風と頽唐』）。すなわち、一見不可解な造反運動の背景には、地主や富農、反革命分子の子弟など、それまでの共産党の統治下で「出身が悪い」として低い地位に置かれ、鬱屈した思いを抱いていた人々が、毛沢東が発動した政治運動に参加する中で一種の解放感を覚え、そのルサンチマンを爆発させていった、という側面があるわけです。

一方、都市の混乱の最大の原因になっていた紅衛兵たちが「農民に革命の精神を学ぶ」という名目で農村部に下放され、政治的な混乱が一応の収束を見た一九七〇年代には、ソ連との関係悪化など国際的な孤立を背景にした「自力更生」路線が地方レベルにまで徹底され、地方経済の自立化が進みます。ただしこれには、市場メカニズムも働かず、中央政府の経済計画もほとんど機能しない中で、地方政府や企業がやむなく必要な物資を自分で調達し生産を行ったという側面がありました。

このような文革について、日本人はどう反応したでしょうか。まず、左翼知識人の反応を見てみましょう。左派系の知識人による文革への評価は、肯定派と批判派の真っ二つに分かれました。その一つの契機となったのが、同時期に生じた日本共産党と中国共産党との決裂です。一九六六年三月に日本共産党の宮本顕治書記長が訪中して毛沢東と会談した際に、強固な対ソ対決路線を主張する毛沢東らと対ソ和解を主張する日本共産党との間で激しい衝突が生じ、その後両者の関係は悪化の一途をたどります。まもなく中国全土で文革の嵐が巻き起こることになりますが、すでに中国共産党と決裂していた日本共産党は直ちに文革を批判します。それに対し日共内部のいわゆる親中国派は宮本ら党指導部と激しく対立し、その多くは除名されたり、脱党して別の組織を作ったりして共産党から離れます。そして、既存の社会秩序に反旗を翻す文革に「理想の社会主義」を追求する理念を見出し、積極的に支持していくことになるのです。

### †政治化する日中貿易

一方、経済界の反応はどうだったでしょうか。友好貿易のかなりの部分は、日本共産党と関係が深いものも少なくありませんでしたから、当然文革における日中の共産党の対立によって大きな影響を受けました。中国が友好貿易から日本共産党およびその影響下にあった日中貿易促進会の排除を始めたからです。中国側は日中貿易促進会の運送業務権を取り消す措置をとるなど同会から日中貿易における特権を奪っていき、最終的に同会は解散に追い込まれます。同時に、共産党の影響が強い友好商社や中小企業も日中貿易から撤退していきます。

これ以降、もっぱら日本国際貿易促進協会が友好貿易の担い手となります。一九六七年二月に日本国際貿易促進協会と中国国際貿易促進委員会との間で交わされた「日中両国人民の友好貿易促進に関する議定書」、ならびに三月一七日付で発表された共同声明では、日中双方は政治三原則、貿易三原則、政経不可分の原則の堅持を表明するほか、「アメリカ帝国主義」「日本の反動派」「ソ連現代修正主義」「日本の修正主義者（＝日本共産党）」を日中友好と貿易に対する共通の敵である、と断定しました。また、これらの文書では文化大革命と毛沢東思想が最大級に称賛されていました。文革期の特異な政治状況の下では、こうした中国側への迎合的姿勢を示さなければ、日中貿易の場に留まることは不可能だったのです。

しかし、実際に貿易の実務に携わった人々は、このような文革期の混乱を、日中貿易を継続していくためには、多少の政治的迎合もやむを得ない、といった比較的冷めた目でとらえていたようです。以下は、関西の友好商社で国交回復以前から長年日中貿易に従事してきた人物の証言です（土井英二「文革期北京での友好商社駐在経験を語る」）。

文化大革命が始まった時に、こんなエピソードがありました。若い紅衛兵たちが部屋を訪問して「先生、一緒に座談会やりましょう」と来るわけです。「ちょっと待ってください。電報を打ってからにしてくれんか」「電報が大事か、交流が大事か？」と言われて困ったことがありましてね。「どっちも大事やけども、ちょっと私の立場やと、電報を打つ方が出世と昇給に関係あるから、こっちの方が、ちょっと大事や」と言うたら怒られて喧嘩になったことがあるんです。そういうような時代も経験しました。後で中国も一〇年間の文化大革命は基本的には政治運動で否定されましたけども、私もようわからんし、中国の人も若者ですから溌剌《はつらつ》として真剣でね、別に茶化しているわけではないんで、ほんとに真面目に言われるから「相手してあげたいけど、ボーナスが減らされるのも嫌だしな」という感じであったわけです。

一方、「政経分離」の枠組みの中で半官半民の貿易として継続していたLT貿易も、中国の政治的急進化の中で影響を受けていくことになります。すでに述べたように、「吉田書簡」によって大型のプラント輸出は困難になっていました。そして、文革が始まってからは絶対量、シェアともにLT貿易の比重は低下していきます。また、友好貿易と同じような政治原則へのコミットメントをLT貿易に求める中国側の圧力も強まっていきました。

そして一九六八年二月の第二次延長交渉では、政経不可分の原則と政治三原則を「日中間において遵守される原則である」とし、それまで避けられていた政治的原則が政府間協定の中に盛り込まれることになります。名称も「覚書貿易」と変わり、単年度ごとに覚書を取り交わし、政治的原則をそのたびに確認するという形態がとられることになります。

覚書貿易交渉では貿易の取り決めの前にまず政治的な交渉を行い、その際中国側が政治的な意見の一致を求めるなど、厳しい状況が続きました。

例えば一九七〇年四月には、北京で周恩来首相が日本国際貿易促進協会など七団体の代表団および自民党の松村謙三議員ら覚書貿易交渉団とそれぞれ会見し、①台湾の「蔣介石一味」の大陸反攻を援助し、南朝鮮（=韓国）の朝鮮民主主義人民共和国に対する侵犯を援助する商社とメーカー、②台湾と南朝鮮に多額の資本投下を行っている商社とメーカー、③「米帝国主義」のベトナム、ラオス、カンボジア侵略に兵器、弾薬を提供している企業、④日本にある日米合弁企業および米国の子会社、以上四種類の企業との貿易をしないという日中貿易四条件を提示します。

この四条件は、対日貿易の政治的なハードルを上げるものでしたが、鉄鋼、化学、繊維などで大陸との経済交流を体験している企業は、結局この四つの条件を受け入れて対中貿易を継続していくことになります。

それでも覚書貿易はそれまでのLT貿易の枠組みを基本的には継承しており、文革期の政治的緊張の中でも両国の意思疎通のルートとして貴重な存在であり続けます。LT貿易や覚書貿易で築かれた交流のルートは一九七二年の日中国交正常化と、その後の日中友好ブームの際の土台となっていったのです。

## 4　国交回復に向けて

### †国際情勢の変化と米中和解

一九七〇年代になると、それまで米ソの冷戦によって規定されてきた国際政治秩序の枠組みが少しずつ揺らいでくるようになり、日中関係もそのような国際情勢の影響を否応なく受けることになります。特にこの時期の日中関係に最大の影響を与えたのは、一九七二年のニクソン訪中に象徴される米中の劇的な和解の動きでした。一九五二年の日華平和条約締結以来、日中関係に影を投げかけてきた米中対立が、両国の歩み寄りによって解消に向かったのです。

ベトナム戦争への介入が泥沼にはまる中で、世界における米国のリーダーシップに陰りが生じてきたことへの危機意識を強く持っていたニクソン大統領は、就任前からソ連や中国など共産圏の国々への関係改善に意欲的でした。その外交政策を担ったのが、国際政治の専門家としてニクソン政権の下で国家安全保障問題担当大統領補佐官に就任したヘンリー・キッシンジャーです。ニクソン＝キッシンジャー外交は、それまでの対共産圏封じ込め政策から脱却し、米中和解、ソ連との緊張緩和、ベトナム戦争からの撤退を進めていきます。

一方、親米・親台湾路線を続けてきた日本政府は、このような米国外交の方向転換にどのように対応したのでしょうか。結論から先に言うと日本政府は、米国は条約義務を守り、核の脅威に対しては「盾」になるが、それ以外の侵略に対してはアジア諸国が防衛の第一義的責務を負うことを期待する、という「ニクソン・ドクトリン」を受け入れざるを得ませんでした。

具体的には、一九六九年一一月に佐藤首相が訪米し、ニクソン大統領と会談した際の日米共同声明において、「韓国の安全は日本自身の安全にとって緊要」「台湾地域における平和と安全の維持も日本の安全にとって極めて重要な要素」という、いわゆる「韓国条項」「台湾条項」が盛り込まれます。この共同声明が当時の日本の防衛政策に大きな変化をもたらしたわけではありません。しかし、アジアにおける反共政策の最前線とみられていた韓国・台湾と日本との関係強化が再確認されたこと、特に台湾海峡に対する日本の安全保障上の関与を明言化したことは中国政府からのさらなる批判を招きます。

一方で、中国はかねてからの念願であった国連加盟を成し遂げます。「中国を代表するのは人民共和国政府」か「台湾の国民党の政府」か、という国連の代表権問題を巡って駆け引きが続いていましたが、一九七〇年一一月の国連総会でついに米国などの抵抗にも関わらず、「中国を代表する政府は中華人民共和国政府である」というアルバニア決議案が圧倒的な票差で可決されました。

このような背景と、ベトナム戦争の泥沼から脱出したい米国の思惑、そして中ソ対立の深刻化から米国への接近を選択した中国政府の判断が合わさって、一九七一年七月のキッシンジャー極秘訪中から七二年の五月までにニクソン北京訪問、という電撃的な発表につながります。これは日本では俗に「ニクソン・ショック」と呼ばれますが、日中間の民間貿易に従事していた人々にとっては、当時硬直化していた民間貿易を前進させる可能性を持つ動きとして、むしろ肯定的にとらえられていたようです。

いずれにせよ、中国の国連加盟と中華民国政府の国連脱退、そして米中和解によって、中華民国政府を中国の正統な政権と見なしながら中国政府との関係構築を模索するという、戦後の自民党政権の対中政策の方針は根本から見直されることになります。

## †日中国交正常化

さて、米中和解が日本の頭ごなしに進められたことに日本政府関係者は大きな衝撃を受け、日中国交正常化に向けての気運が一気に高まります。ただ、佐藤内閣に対して「中国敵視政策」を取っているとして批判的であった中国政府は、佐藤内閣と国交正常化交渉のテーブルにつこうとはしませんでした。状況が変化するのは一九七二年七月、日中国交正常化に対して積極的な姿勢を見せていた田中角栄が福田赳夫を破って自民党総裁となり、内閣を組織してからです。

それに先立ち、同年三月から五月ごろまで中国から重要プロジェクトの調査団が日本に来て調査や予備商談が行われていました。特に重要だったのは日中国交正常化に伴う台湾との関係をどうするか、という問題でした。というのも、中国政府は、日中の国交正常化にあたり、一、中華人民共和国政府を中国を代表する唯一の合法政府と認め、「二つの中国」「一つの中国、一つの台湾」に断固反対する、二、台湾は中国領土の不可分の一部であり、台湾問題は中国の内政問題である、三、日華平和条約は不法であり、破棄されなければならない、という「復交三原則」を提示していたからです。

この中でも特に三番目の日華平和条約の破棄、すなわち台湾との断交に対しては、中華民国政府だけではなく自民党内の親台湾派の政治家らの強い反発があることが予想されました。しかし、外交的な交渉によって日華平和条約の破棄は日中の公式の共同声明や宣言に盛り込まず、台湾との関係は「黙約事項」として取り扱うという中国側の譲歩が引き出されました。

これらの水面下の交渉があって一九七二年九月の田中首相・大平外相の訪中、そして日中共同声明の採択を迎えます。北京で発表された日中共同声明では、賠償放棄の交換条件としての「台湾断交」、日米安保の容認が示されました。ここに日中はようやく国交の正常化を迎えます。米国そして日本との和解を背景に、中国経済は西側諸国との貿易が拡大し、日本との貿易額も急増していくことになります（図4-1参照）。

しかし、国交が正常化したからといって両国の間にすぐに和解が訪れたわけではありません。当時の自民党政権の姿勢は中国との関係改善がアジアの国際秩序の安定に役立つ、というプラグマティックなものであり、かつて侵略の対象とした中国とどのような関係を築くべきかについての具体的な構想、および日本が果たすべき戦争責任について明確な考えがあったわけではなかったからです。

また、日本から好意的に受け止められた中国政府による賠償放棄も、広く中国国民の支持を得たものではなく、日本を台湾との断交に踏み切らせるためのカードとして、毛沢東と周恩来という、たった二人の指導者の判断により決定されたのに近かったようです。それは米中交渉と同じく、悪化する中ソ関係をはじめとした厳しい国際情勢の中での政治的判断でした。また、第二次世界大戦中の日本による戦争被害に対しては、「軍国主義と日本人民とを区別する」という「二分論」が持ち出されて国内の反日感情の抑制が図られました。ただし、冷戦期の国際情勢を背景に、こうしたトップダウン型の意思決定により日中関係の枠組みが作られたことは、後の中国国内の対日感情の悪化の遠因になります。

それでも、「七二年体制」とも呼ばれる、この時期に形作られた日中関係の枠組みが、その後の中国の改革開放政策の開始とあいまって、経済関係を中心とする「日中の蜜月時代」をもたらしたことは間違いありません。

第五章
# 日中蜜月の時代とその陰り

児童たちによる歓迎に笑顔で応える胡耀邦(後ろを歩くのは中曽根康弘)　写真提供:毎日新聞社

前章で、一九七二年の国交正常化とその後の日中蜜月の時代まで、中国との関係改善を望むいわゆる「親中派」の立場は、「新中国」への連帯をめざす革新派と、実利的日中友好論に立つ実業界や保守政治家の「同床異夢」によって支えられていた、ということを述べました。「七二年体制」とも呼ばれるこの時期に枠組みが形作られた日中関係は、七八年の福田内閣における日中平和友好条約および長期貿易協定の締結によって本格的な経済関係の始まりを迎えます。

おりしもこの時期の中国は、一九七八年の共産党第一一期三中全会によって鄧小平が主導権を握り、大胆な市場原理の導入すなわち改革開放路線が採択され、工業、農業、国防、科学技術という「四つの近代化」を掲げて経済発展への道を邁進する時期にありました。

良好な日中関係を背景に、経済の近代化を目指す中国を日本が資金と技術面で支える、という構図は大平内閣の時に始まった円借款の拡大、および親日的な指導者胡耀邦《こようほう》の努力などにより頂点を迎えます。青少年の相互訪問プログラムなど、両国間の人的・文化的な交流も進んだこの時期には、まさに経済関係を主軸とした「日中蜜月の時代」が存在したのです。

しかし、周知のように、その後日中関係は悪化の一途をたどっていきます。首相の靖国公式参拝とそれに対する中国側の反発、日中蜜月を支えた指導者胡耀邦の失脚、民主化運動の武力弾圧（＝第二次天安門事件）や中国の核実験などによる日本の対中感情の悪化、そして反日デモに尖閣諸島領有問題をめぐる対立……表面的な事実をならべただけでもそのことは明らかでしょう。ではなぜ、日中の良好な関係は長続きしなかったのでしょうか。そもそも、少し前まで国交さえなかった日中両国が、なぜ蜜月の時代を迎えることができたのでしょうか。本章では、これらの問題について、両国の経済関係に注目することで掘り下げていきたいと思います。

## 1　市場経済へと舵を切る中国

### †政治改革を伴わない市場改革

国交正常化後の一九七四年には貿易協定が結ばれ、最恵国待遇や日中貿易混合委員会の設置などが定められ、日中経済関係は戦後初めて公式に制度化されます。この結果、中国からの原油収入、日本からはプラント輸出という形で日中貿易の総量が急激に伸びますが、このような外国プラントの導入は、文革が継続する中、急進的な社会主義路線を掲げる毛沢東夫人の江青ら四人組によって批判され、一九七四年以降は減少に向かいます。

その後、毛沢東の死と、それに続いた四人組の逮捕によって文革が終焉し、国家主席となった華国峰《かこくほう》の下で「国民経済発展十カ年計画」が採択されました。華は西側諸国との大型プラント契約を復活させ、外国からの技術導入によって「四つの近代化」を実現しようとします。しかし、多額のプラント契約は当時の中国の支払い能力をはるかに超えていたため、輸入契約の破棄と国際的な賠償問題に発展します。これらの大型プラントの契約と挫折のプロセスは「洋躍進」として批判の対象となり、責任者である華国鋒は文革の終焉後まもなく復権した鄧小平に党内の主導権を奪われていきます。

そして一九七八年の共産党第一一期三中全会によって鄧小平が主導権を握り、大胆な市場経済原理の導入すなわち改革開放路線が採択されるに至ります。もっとも、当初はこのような市場経済原理の導入に対しては共産党内の批判も強く、明確な方針として提示されたわけではありませんでした。たとえば、第一一期三中全会では「改革開放」という言葉は使われておらず、それが定着するのは一九八〇年代半ばになってからになります。ただし、この時期に採用された経済運営の方針が、社会主義体制を構成する基本要素そのものにメスを入れるものであったことは間違いありません。

さて、中国の改革開放路線、すなわち共産党の一党支配体制を維持したままの市場移行をどのようにとらえればよいのでしょうか。ハンガリーの経済学者コルナイ・ヤーノシュは、市場移行を体制移行（狭義の市場移行、短期）と構造変化（広義の市場移行、長期）の二段階に区分した上で、前者の体制移行は以下の三つの条件が満たされたときに完成する、という議論を行っています。

①共産党が政治的な独占的権力を失うこと
②生産手段の大部分が私的所有で、私的セクターがＧＤＰの大部分を担うこと
③市場が経済活動の支配的な調整システムであること

このようにまとめるとよくわかると思いますが、中国では②③が進んだ現在でも、①の条件はいまだに達成されていません。要するに、コルナイら経済学者の見解とは異なり、共産党政権のもとで資本主義的経済成長が続いてきたのです。中国における市場経済への移行がこのような形で行われたことは、中国の市場改革プロセスが、当初の段階からいわば「政経分離」をその基本的性質としていたことを意味しています。そのことは対外経済関係に大きな足跡を残した胡耀邦と趙紫陽《ちょうしよう》という二人の指導者を見舞った悲劇とともに、

日中の経済関係にも少なからず影響を与えていきます。

## †農村と都市の改革

この時代の日中間の経済交流について述べる前に、まず一九八〇年代の市場化改革のプロセスについて概観しておくことにしましょう。

まず着手されたのは農村部の改革でした。一九七八年一二月、農業生産責任制（いわゆる「請負制」）が一部の農村で開始されると、瞬く間に全国に広がります。この農業生産責任制とは、個別農家が一定の請負生産量を行政単位に収めた後、残りの生産物を自らのものにすることを認めた制度です。これによって農民たちの生産拡大意欲が高められ、それまでの人民公社を中心とする集団農業制度の下で疲弊していた農村経済を活性化することに成功しました。また、このような農業生産の拡大は、農民が自らの財産を元手にして工業部門の生産を開始するという変化ももたらしました。人民公社時代の「社隊企業」を前身とする農村部の中小企業の総称である郷鎮企業の発展は、一九八〇年代の農村の発展を象徴するものでした。

農村における人民公社の解体が一段落した一九八四年になると、市場化を目指す改革は都市においても実行されます。その核心は、それまで政府が一手に握っていたマクロ経済管理の権限を地方政府や企業レベルに分権化していくことでした。政府が生産計画に直接関与する指令性計画が縮小され、国が参考価格を提示するにとどまる指導性計画、あるいは政府がまったく関与しない市場価格の範囲が次第に拡大していきます。一方、計画統制の緩和と非国有セクターの発展の結果、国民経済に占める国有セクターの比重は徐々に低下します。

この、都市における改革で重要な位置を占めたのが国有企業改革です。計画経済時代の中国社会で国有企業は、職場だけでなく、教育・医療・住宅など様々な福利厚生を提供する、一つの生活共同体でした。中国語で職場のことを「単位」といいますが、このように単位が個人の生活を丸抱えするシステムは「単位社会」と呼ばれていました。しかし、改革開放以降の「市場経済化」の進展により、経営者の自主権が欠如し、所有権があいまいで利益の追求が十分に行われない国有企業の経営をどうするのか、ということは大きな問題になっていました。そこで政府は一九八〇年代後半以降、国有企業改革に乗り出します。まず行われたのは経営者の自主権を拡大させ、インセンティヴを引き出す改革で、これは放権譲利（＝権利を放ち、利益を譲る）によって経営者のインセンティヴを拡大させることを目指したものでした。

### †地方政府主導の経済発展パターン

改革開放政策の中でもう一つ重要なのが財政・金融改革の実施です。中国経済が市場化を目指す中で一つの柱になったのが地方主導型の経済パターンの転換ですが、それを支えたのがこの時期に採用された財政や金融システムだったからです。

広大で多様な国土を抱える中国においては、ある程度地方の自由に任せなければスムースな政策運用はできません。一方で、地方に権限をゆだねすぎると地域間格差の拡大や社会的分裂の可能性が出てくるという、統治をめぐるジレンマが常に存在しています。このため現代中国では、いわゆる「収（＝中央のコントロールの強化）」と「放（＝地方への権限委譲）」のサイクルが繰り返されてきました。

改革開放期は、そのサイクルが「放」へと大きく振れた時期でした。それを象徴するのが地方と中央との間の財源配分に関する、（地方）財政請負制の導入です。財政請負制は、改革開放後の中国で採用された、地方政府が集めた財政資金の一部を中央政府に上納し、残りを地方政府の自主財源とするという財政システムのことを指します。

一九八〇年二月には国務院が、それまでの計画経済時代における「一つの竈の飯を食べる」方式から、「竈を分けて飯を食う」方式へ変更するという通達を行い、請負制が正式に導入されることになります。これは中央・地方間の財源のシェアリングの方式を一年ごとに見直すやり方から五年に一度の見直しにするなど、中央・地方間の財源区分の大きな見直しを含むものでした。

このような財政請負制の採用は、各地方政府に、地元経済の発展のために用いることができる資金を努力次第で拡大させる余地を生じさせました。このことは、地方政府に地元経済への積極的な関与を行うインセンティヴを与え、地方の経済的な活力を引き出す上で大きな役割を果たしました。その反面、中央財政の財政的権限は弱体化し、地域間経済格差の拡大要因となるというデメリットもありました。このため、一九九〇年代になると新たな制度改革が必要とされることになります。

では、金融はどうでしょうか。改革開放政策の実施に伴い、中国人民銀行を中心としたモノ・バンクシステムのもとで、「国家の金庫番」の役割を果たしていた金融システムも、市場経済に適応的なものにするべく制度改革が行われます。まず、一九七九年の国務院決定により中国銀行、中国農業銀行、中国建設銀行が設立（再建）され、その後一九八三年の「中国人民銀行がもっぱら中央銀行の機能を果たすことについての決定」によって、中国人民銀行がそれまで一手に引き受けてきた、商業銀行としての業務と中央銀行としての業務が切り離されます。また同時にコール・手形市場、国債・株式市場といった金融・資本市場の整備も着手されました。しかし、国有企業や財政システムにおける分権的な改革が行われる中で、市場メカニズムを通じた資金配分は十分に機能していたとは言い難く、むしろ地方政府の強い介入を受けていたのが実情でした。

改革開放期における一連の分権的な諸改革の実施は、繰り返しになりますが、地方政府に地元経済への積極的な関与を行うインセンティヴを与え、地方の経済的な活力を引き出す上で大きな役割を果たしました。改革開放期の中国においては、このような地方政府および銀行や不動産業者などが結びつき、積極果敢な投資拡大行動によって高成長を牽引してきたと考えられるのです。

ただし、こうした地方政府主導の経済成長には副作用もありました。各レベルの地方政府が、地元経済の振興という政策的目的のために銀行や信用合作社など地元の金融機関に働きかけて企業への融資を引き出し、効率性を無視した過剰な設備投資が相次いで行われたからです。その結果、一九八〇年代から九〇年代前半にかけて、経済の実体的な成長を上回るマネーサプライの伸びと、それによる慢性的なインフレ圧力がもたらされることになったのです。特に一九八八〜八九年には価格改革の実施とマネーサプライの野放図な拡大とがあいまって、年率二〇％近いインフレが生じます。急激なインフレは都市住民の生活を圧迫し、経済政策の責任者であった趙紫陽の失脚と、一九八九年の民主化運動の背景の一つになっていきます。

### †対外開放政策

最後に「改革開放」のもう一つの側面であり、日中関係にも大きな影響を与えた対外開放政策はどのように進められたかに触れておきましょう。改革開放以前には、政府内の対外貿易部によって全国の輸出入業務が統一的に管理・運営されていました。対外貿易部の傘下には国営の貿易専業総公司が設置され、大分類品目ごとに輸出入取引を集中的に取り扱い、それ以外の企業は参入できない仕組みになっていました。一九七八年時点で一一社あった国営の貿易会社と、地方レベルに設立されたその支店が外国貿易を独占し、生産企業などには貿易経営権は認められていませんでした。

一九八〇年代に中国政府は対外開放政策を進め、貿易経営権の分散化と権限委譲を行い、それまでのような国営企業による貿易の独占体制の打破を図ります。具体的には以下の四点に集約されます。まず、財政と外貨の集中管理体制を改革し、それに代わる請負制を導入したこと。第二に、経済計画、対外貿易、企業管理の自主権拡大を行ったこと、第三に、物資・商業部門における市場調節を拡大したこと。第四に、華南地域の四都市に「経済特区」を設置したことです。

特に重要なのは、外貨の集中管理体制が改革され、貿易請負制度と外貨留保制度が導入されたことで、新規の参入が容易になり、対外貿易でそれまでの国営企業による貿易の独占構造が打破されたことです。それ以降は、輸出入割当て・許可証制度の導入によって外国貿易がコントロールされることになります。

そして一九八〇年には広東の深圳《しんせん》・珠海《しゆかい》・汕頭《すわとう》、福建の厦門《あもい》に（のちに海南省がこれに加わります）経済特区が設置され、一九八四年には沿海部の一四都市が対外開放されます。一九八四年以後になると、沿海地域の一四都市が対外開放されたのを皮切りに、長江、珠《しゆ》江《こう》、閩南《びんなん》の各デルタ地域の開放、さらには遼東半島、山東半島の開放と、対外開放地域が点から面へと拡大していきます。

経済特区は、外資を積極的に呼び込んで輸出ドライブをかける「沿海地区発展戦略」を実施するための経済的な「飛び地」として設けられたものです。特区では外国企業から原材料、商品サンプルやデザイン、部品などの提供を受け、安価な労働力を用いて製品を完成させ、それを外国企業が輸出し、その代金の一部を加工賃として受け取るという「来料加工（＝原料委託加工）」や「来様加工（＝サンプル委託加工）」などの委託加工貿易が行われました。特に香港に隣接する広東省の深圳市は改革開放まで工業企業の立地がほとんど見られない寒村でしたが、経済特区に指定されてからは中国の輸出産業の中心地になり、香港経済とも一体となってめざましい発展を遂げていくことになります。

一連の対外開放政策は、海外資本の導入にも門戸を開くものでした。特に、「三資企業（＝合作企業、合資企業、独資企業）」といわれる現地法人の設立を伴う海外直接投資の解禁は、中国の経済成長に大きな役割を果たしました。一九八〇年代後半には、先進技術移転または製品輸出を条件として合弁期間を五〇年まで延長することや、独資企業（＝一〇〇％外国資本出資の企業）を認めた「外資企業法」の制定、外資系企業への土地使用料や法人税の減免、公共サービスの優先利用など、一連の措置が施行されます。政府の積極的な外資優遇政策に加えて、一九八五年のプラザ合意以降、自国通貨の急速な切り上げに悩む日本やアジアＮＩＥＳ（＝韓国、香港、台湾、シンガポール）の企業に低賃金の加工基地を提供できたことが、こうした成功につながったといえます。

この地域の成長を語る上で忘れてならないのが、低賃金で働く農村からの出稼ぎ労働者、いわゆる農民工です。農民工の多くは都市住民がやりたがらない単純労働や三K（＝きつい・汚い・危険）の仕事に低賃金で長時間従事し、珠江デルタなどで急成長した労働集約的な産業の発展を支えました。第四章でみたように、全国で人民公社が建設されたのをきっかけに、農村から都市への人口移動を管理するため、農村戸籍と都市戸籍との間には厳格な区別が設けられていましたが、改革開放によって戸籍制度は次第に緩和され、それに伴い農村から都市へと移住する人が増加しました。しかし、教育や社会保障などの面では、依然として都市住民との間の差別がその後も続いていくことになります。

さて、このような中国の対外開放政策は、毛沢東時代の比較優位を無視した重工業化中心の経済建設からの脱却という点で重要な意味合いを持つものでした。前章でみたように、毛沢東時代の中国は、厳しい国際環境の中で本来比較優位を持つ労働集約的な軽工業ではなく、資本集約的な重化学工業の建設を優先し、そのために様々なゆがみが生じていました。それに対し、経済特区を中心に行われていた加工貿易及び香港・台湾を含む海外資本による輸出工業品の生産は、中国国内の安価な労働力を利用するという、経済学の比較優位の原則にのっとった経済発展を指向するものでした。このような輸出指向型の工業化は既に一九七〇年代に台湾や韓国などアジアＮＩＥＳで採用されていたものでしたが、一九八〇年代には中国がその仲間に入り、日本の製造業も大いにその恩恵を受けていくことになります。

## 2　緊密になる日中経済関係と対中ＯＤＡ

### †改革開放のキーパーソン、胡耀邦と趙紫陽

改革開放路線が正式に採択される少し前の一九七八年八月には、平和共存五原則の下に「両国間の恒久的な平和友好関係を発展させる」ことを約束した日中平和友好条約が締結され、日中間の経済関係が本格的に始動していくことになります。そして、同年一〇月にはこの平和友好条約批准のため鄧小平が日本を訪れ、昭和天皇との会見や福田首相との会談、そして先進的な工場の見学などの日程を精力的にこなします。訪日の際に鄧小平は「日本に学ぶべきところはたくさんあり、日本の科学技術ひいては資金さえ借りることも

あるでしょう」と、「日本から学ぶ」という姿勢を再三強調しました。また、新幹線に乗車し、その速さに驚嘆したというエピソードは広く日本国民の知るところとなりました。この鄧小平の訪日により、日中経済関係の構築は大きく前進することになります。

改革開放路線および新しい日中関係の構築において中心的な役割を果たしたのが、胡耀邦と趙紫陽という二人の指導者です。胡と趙は経済的自由主義の基盤の下により民主的な政治体制の導入を試み、挫折した指導者と位置づけられるかもしれません。ここで重要なのは、文革で二度失脚しながらも権力の座に返り咲いた鄧小平その人が、文革への痛切な反省からこの二人の指導者による改革にお墨付きを与えていたことです。例えば、一九八〇年の中国共産党政治局拡大会議では、鄧小平による「党と国家の指導制度の改革」の採択により、党＝国家への過度の権力集中、党務と政務の混同、幹部の家父長的体質と終身制、官僚主義、政治生活における前近代的遺制の残存などが指摘され、権力の下放、兼職の回避、幹部制度の改革、法制度の充実を中心とした民主化などが提案されました。

また外交面では、一九八二年に「独立自主外交」が掲げられ、対ソ関係の改善も模索されるようになります。一九七〇年代に改善したアメリカとの関係が、台湾への武器輸出問題などで不安定化することで、対ソ関係の改善と国境の緊張緩和が図られたからです。この時期の日中関係の緊密化の背景には、中国が対米、対ソ関係に問題を抱える中で、中国が経済発展を中心とした近代化を推進するために日本が第一の協力相手としてクローズアップされてきたという側面を見逃すわけにはいきません。

特に一九八二年に共産党総書記に就任した胡耀邦は、同じ時期に首相の座にあった中曽根康弘との間に深い信頼関係を結び、日本との関係においても大きな役割を果たしました。一九八三年に訪中していた当時の日本社会党委員長石橋政嗣《まさつぐ》が、胡耀邦を含めた中国指導者との会見で、中曽根内閣がアメリカの世界戦略に同調し軍事大国化への道をまっしぐらに進んでいると批判した際も、胡は取り合わなかった、と言われます。その二カ月後、胡は日本を訪れ、中曽根総理と首脳会談を行い、共同記者会見で「不戦の誓い」を宣言するとともに、日中友好二一世紀委員会の設立を発表しました。

一九八三年の訪日時、NHKホールで講演した際に胡は、三〇〇〇人の日本人学生を北京に招くことを約束し、翌年その大規模な青年交流は実施に移されます。さらに、最後の訪問地として長崎の平和公園を訪れ、平和祈念像を前に献花・黙禱するとともに、「人類の平和と友情によって必ず戦争に打ち勝てる。全世界の人民が団結すれば、人類の前途は今日の太陽のように明るい」と述べました。またこの時期には、『君よ憤怒《ふんど》の河を渡れ』

といった日本映画や、山口百恵主演の「赤いシリーズ」などのテレビ番組が相次いで中国で紹介され、高倉健や中野良子といった日本の俳優、女優は中国でも人気を集めます。

このような良好な日中関係でしたが、それに冷や水をかける格好になったのが一九八五年の中曽根首相の靖国参拝およびそれに抗議する北京での反日デモの発生でした。同年の九月一八日、すなわち満洲事変の発端となった柳条湖事件の記念日の早朝に北京大学、清華大学、人民大学の学生が学内で集会を行い、一部の学生は「日本軍国主義打倒」「中曽根打倒」などと叫んで天安門広場までデモを行いました。

ただし、この時の反日運動は指導者間の信頼関係によりコントロールが可能でした。中曽根自身も胡の「親日政策」が共産党内の批判を浴びているという状況を考慮して、翌一九八六年には靖国神社への参拝を取りやめています。そして同年一一月八日に中曽根は中国を訪問し、胡耀邦とともに北京市内で中日青年交流センターの定礎式に出席します。その席で胡は日中の青年が友好的に協力し、長期的視野に立った国際主義の精神を尊重することの意義を強調する演説を行いました。これについては、改革の進展が政治部門に及ぶことに警戒心を強める保守派の圧力が強まる中で、中曽根との良好な関係を利用し、「開放政策の良き一面」をアピールしようとしたという見方もあります。

しかし、やがて学生たちのデモの矛先が日本ではなく、共産党政権に向けられるようになると、胡の立場は一層苦しいものになっていきます。一九八六年には、中国社会の民主化を一貫して唱え「中国のサハロフ」と呼ばれた中国科学技術大学副学長の方励之《ほうれいし》が「大学は科学、民主、創造、独立の精神に満ちていなければならない」「大学は政府から独立していなければならない」などと語ったことに刺激を受け、全国一五〇の大学の学生が政治の民主化を求める運動を起こしたのです。

学生運動に対して寛容な姿勢で臨んでいた胡耀邦は、体制を揺るがす「ブルジョワ自由化」への対応が軟弱だとして保守派からの厳しい批判を浴び、一九八七年一月には総書記の座を追われることになります。一時期は盛り上がった学生運動も、鄧小平が「ブルジョア自由化」批判の姿勢を明確にしたことを機に早期に沈静化します。

胡の後に共産党総書記に就任したのが趙紫陽です。趙は一九八九年の（第二次）天安門事件の際に、学生たちの民主化要求に対し同情的な態度を取ったことにより、鄧小平らあくまで強硬姿勢を主張した党指導部によって失脚させられた、悲劇の指導者というイメージが強いかもしれません。もともと、彼は四川省の共産党書記として、改革開放期の経済の市場化政策を軌道に乗せるにあたってすぐれた手腕を発揮し、経済政策に明るい政治家として中央政局での地位を築きあげてきた実務派の指導者でした。政治改革などについても大胆に発言することの多かった胡に対し、趙はより慎重で、バランスのとれた言動を心がけていたと言われます。

二〇〇九年に、趙の生前に極秘で録音された回想録が出版され、大きな話題となりました。同書の中で趙は、農村改革が成功に終わった後の一九八〇年代半ば以降の経済改革の進め方について、胡耀邦との間に深刻な路線対立があったことを強調しています。趙によれば胡は、農村改革の成功例をそのまま都市の国有改革に当てはめることができるとし、その実施を急ごうとしたのに対し、趙は改革の効率性を重視する立場から、農村と都市の根本的な状況の違いに配慮し、地方政府の野放図な要求を抑えるためにも、急激な改革の実施に慎重な見解を示したといいます。このエピソードには、理念先行型で急進的な改革を主張する傾向があった胡耀邦に対して、現実的で経済の実体を重視する趙紫陽の姿勢がよくあらわれているといえましょう。

ちなみに中国政治が専門の三宅康之は、改革開放政策が始まったころの共産党内の指導者たちを「中央統制派」「生産力重視派」「市場化推進派」の三類型に分類していますが、その中で胡耀邦を「生産力重視派」、趙紫陽を「柔軟な市場化推進派」であると位置づけています。その趙は、首相だった一九八二年に日本を訪問し、日中関係のあり方について平和友好、平等互恵、長期安定の三原則を提起します。いずれにせよ、胡耀邦と趙紫陽という二人の開明的な指導者は日本の自民党政権とも良好な関係を築き、経済を中心とした日中蜜月の時代を作り上げていきます。

## †日中貿易の拡大

ここで、日中間の貿易関係を一九七二年の日中国交回復時にさかのぼって整理しておきましょう。

まず、国交正常化後のLT貿易の流れをくむ覚書貿易が終了し、その窓口だった覚書事務所も使命を終えます。それを受け継いだのは同年一一月に設立された日中経済協会でした。初代会長には日中の経済関係の構築に尽力してきた新日本製鐵社長の稲山嘉寛《よしひろ》が就任します。そのほかにも一九六〇年代の日中貿易を支えた「古い友人」が多く所属していた日中経済協会は、その後も通産省や経団連と協力関係を維持しつつ、日中貿易において中心的な役割を果たします。それに続き日中間では日中航空協定、日中海運協定、日中漁業協定などが次々と締結され、日中間の経済関係拡大の枠組みが作られていきます。

日中両国は原油の輸入を主な目的として、長期貿易取り決めのための交渉を始めますが、当時の中国は文革の継続と、周恩来・毛沢東の相次ぐ死による政治的混乱が続いており、交渉は停滞しました。一九七七年に鄧小平が復活した後、一九七八年にようやく日中長期貿易の取り決めが締結されます。取り決めの有効期間は一九七八年から八五年までの八年間で、この期間内における双方の輸出金額はそれぞれ一〇〇億ドル前後とし、往復では約二〇〇億ドルとすることが決められました。日本側の意図は中国の石油・石炭の資源開発に協力し、それらの安定的な輸入を図るというもので、中国側にしてみれば、資源の輸出を通じて外貨を獲得し、経済発展に必要な技術・プラント、建設用機材などの購入にあてられるというメリットがありました。

そして日本政府は一九八〇年四月には中国を特恵関税の対象国に追加し、日本に対する中国からの輸出を促進し、中国の経済発展に協力することとしました。いわば双方のウィン・ウィン関係の下で長期的に貿易を続けていくという、明るい見通しの下に新たな日中間の経済関係がスタートしたわけです。

ここで、中国と日本の輸出・輸入品目の変化をみておきましょう（図5-1a、5-1b）。

一九八五年の貿易品目を見ると、中国から日本へは原材料や食料品などの一次産品を輸出

図 5-1a　日本の中国向け主要輸出品（1985 年）

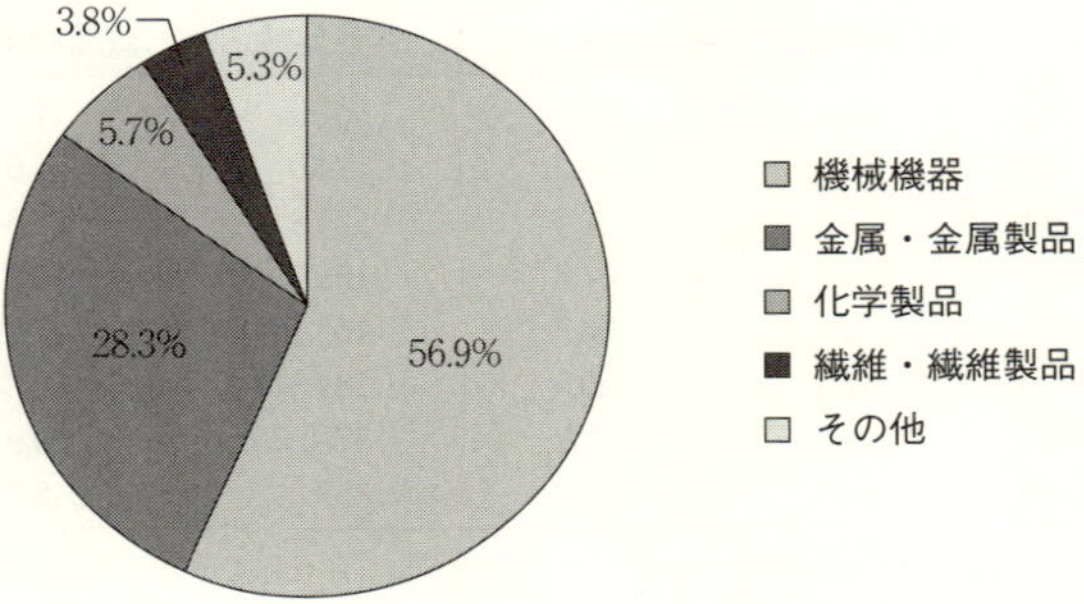


図 5-1b　日本の中国からの主要輸入品（1985 年）

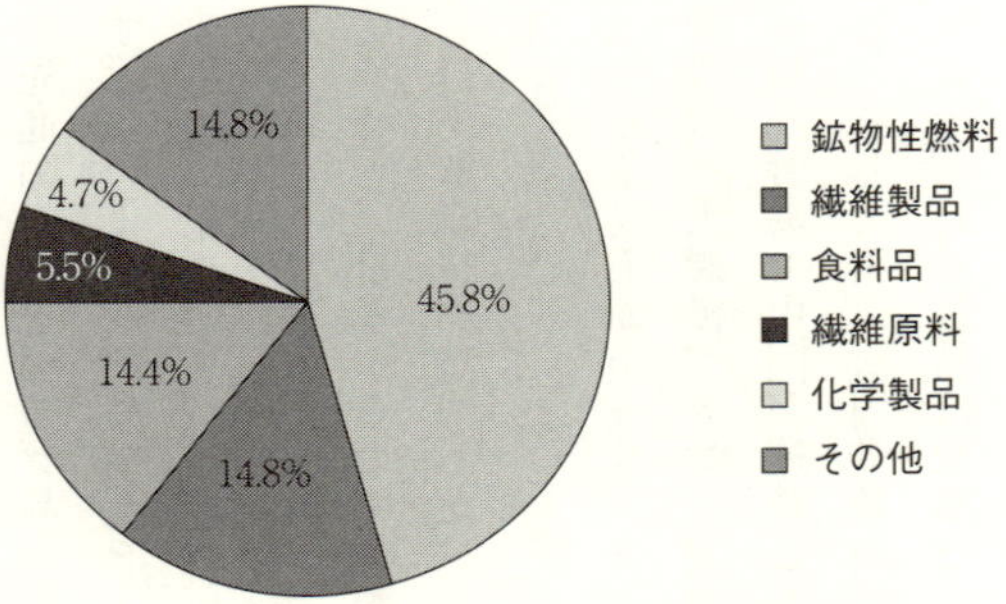


出所：中国研究所編『中国年鑑』1987 年版，大修館書店，243 ページ。

表5-1　日中貿易と貿易収支の推移（単位：億ドル）

| 年 | 対中輸出額 | 対中輸入額 | 貿易総額 | 貿易収支 |
|---|---|---|---|---|
| 1975 | 22.6 | 15.3 | 37.9 | 7.3 |
| 1980 | 50.8 | 43.2 | 94.0 | 7.6 |
| 1984 | 72.2 | 59.6 | 131.8 | 12.6 |
| 1985 | 124.8 | 64.8 | 189.6 | 60.0 |
| 1986 | 98.6 | 56.5 | 155.1 | 42.1 |
| 1990 | 61.3 | 120.5 | 181.8 | －59.2 |
| 1995 | 219.3 | 359.2 | 578.5 | －139.9 |
| 2000 | 304.3 | 553.0 | 857.3 | －248.7 |

出所：小島末夫「貿易不均衡への対応」（服部・丸川編『日中関係史1972-2012　Ⅱ経済』），132ページ。

し、日本から中国へは工業製品を輸出するという典型的な先進国対途上国の貿易形態だったことがわかります。このような貿易構造をとる以上、中国が対外開放路線に舵を切り、日本から技術や資本を積極的に導入して、労働集約的な工業化を本格的に離陸させていくと、日本からの工業製品の輸入が急増することはある意味当然でした。

表5-1を見ると、実際にそのような変化が起こったことがよくわかります。一九七〇年代後半には既に中国側の大規模プラント設備輸入などの要因により、対日貿易で中国が連続して赤字を計上していました。そして第二次円借款が始まった一九八四年、一九八五年には、日中貿易は総額で一三二億ドル、一九〇億ドルといずれもそれまでの過去最高の記録を更新し、同時に貿易収支では日本の輸出超過が大きく

拡大することになります。このような現象は、主に中国が日本からの資金援助で先進的な技術を取り入れつつ高度経済成長を遂げていったことを意味しており、むしろ日中間の経済関係の良好さを示す数字だといえるでしょう。

ただし、中国政府はこのような対日貿易赤字の急激な拡大を警戒し、国内で自動車とテレビなど家電製品の輸入抑制策を講じるとともに、日本政府に対し貿易不均衡の是正を強く要請していきます。当時対米貿易黒字が拡大し、深刻な貿易摩擦問題を抱えていた日本政府は、さらに中国とも貿易摩擦が生じることを懸念し、中国からの輸入拡大要請に全面的に協力していくことになります。例えば、丸紅、三井物産、三菱商事といった大手商社は一九八六年ごろから一斉に中国からの輸入拡大に向けて積極的な取り組みを行いました。これら大手商社は、単に輸入を拡大するだけでなく、機械、化学製品、家電製品など中国の工業製品の品質改善や新製品の開発についてもサポートを行っていきます。

このように、当時の日中間の経済関係は、お互いの経済構造が大きく異なっていたこともあって、主力となる産業が競合することもなく、まさにウィン・ウィンの関係にあったといっていいでしょう。多少の貿易不均衡が問題になることがあったとしても、それを調整する官民を通じたチャネルも豊富で、結果として深刻な対立には至りませんでした。ただし、このような相互の貿易構造は、一九九〇年代に日本企業の中国進出が相次ぎ、急速に品質を向上させてきた中国製の工業品を日本が中国から輸入するようになって、大きく変化していくことになります。

## †拡大する対中ODA

さて、一九八〇年代の中国の経済成長に大きな役割を果たしたのが日本のODA（＝政府開発援助）、中でも円借款といった長期有償援助の存在です。もともと、「自力更生」路線を掲げていた中国は西側諸国の資本を受け入れることに慎重でしたが、それまで中国政府が日本と契約してきた大型プラント契約が、中国の資金不足により相次いで契約破棄になるという状況を前に、一九七八年一一月、訪日後の鄧小平が日本から政府借款を受け入れる用意があることを明らかにします。すでに同年二月の全人代（＝全国人民代表大会）で採択された「国民経済発展一〇カ年計画」によって外国技術導入・借款受け入れの方針が示されており、対中円借款の受け入れについての中国側の体制は整っていました。

翌一九七九年には中国政府が正式に円借款を要請し、同年一二月に訪中した大平正芳首相は、①軍事面での協力は行わない、②日本とＡＳＥＡＮ（＝東南アジア諸国連合）諸国など他の開発途上国との協力関係を損なわない、③日中の関係は排他的なものではない、という対中援助三原則を中国との間で合意します。

大平は港湾、鉄道、水力発電など六つの建設プロジェクトに対して約五〇〇億円の政府供与を約束し、日本の対中経済援助がスタートします。対中経済援助は有償資金協力（＝円借款）、無償資金協力、技術協力の三つがあり、中でも圧倒的に多くを占めていたのが円借款でした。一九八〇年から二〇〇〇年まで合計四回、累積額にして三兆円余りの円借款が行われます。対中円借款は対インドネシアなどと並んで日本のODAの中で一、二を争う規模に成長していきます。

大平内閣による対中経済援助の積極的な姿勢には、単に戦後賠償の延長にとどまらない、環太平洋において新しい経済秩序を形作ろうとする戦略的な構想が背景として存在していました。大平内閣が示した太平洋諸国の連帯強化とそのための「パン・パシフィック主要国会議」構想は、一九八九年に成立するＡＰＥＣ（＝アジア太平洋経済協力会議）の母体となります。

## †日本にとってのODAとは

さてODAとは、途上国の経済発展に対する経済援助の中で、①政府（機関）から供与され、②途上国の経済開発や福祉の向上に寄与し、③援助の「恩恵度」を示すグランド・エレメント率（＝GE）が二五％以上のものを指します。グランド・エレメント率は完全な贈与を一〇〇％、市場金利での貸付は〇％として、その中間の値をとります。またその内容は、医療・衛生・教育・環境などの無償資金協力、JICA（＝国際協力機構）などを通じて実施される専門家派遣事業などの技術協力、そして有償資金協力の三つからなります。

また、日本のODAについて語る際には、日本政府が行ってきた経済援助が第二次世界大戦で日本と連合国との苛烈な戦闘の舞台となり、人員・物資の動員を強いた東（南）アジア諸国への「戦後賠償」としての意味合いを持っていたことを忘れてはなりません。一九五一年のサンフランシスコ講和条約締結後、欧米の植民地支配からの独立を果したアジア諸国との戦後賠償交渉が日本政府にとって大きな課題となります。しかし、そもそもこれらの国々の多くはサンフランシスコ講和会議に参加しておらず、また賠償の額や戦争被害の性格をめぐって日本政府との間に認識のギャップが大きかったこともあって、戦後賠償をめぐる交渉は容易なものではありませんでした。

一九五七年に岸信介内閣が成立すると、アジア諸国との賠償交渉とその成果としての経済援助が一気に本格化します。まず、一九五七年に米国が冷戦期の中国封じ込め政策の一環として、それまで中国とともに非同盟中立路線を唱えていたインドに対し開発借款基金(Development Loan Fund, DLF)による援助を開始すると、岸信介内閣はそれに呼応してインドに対する円借款を行います。さらに同年、岸内閣はインドネシアへの戦争賠償に合意し、スカルノ政権に対し相当額の円借款を行うという形でその解決を果たします。

前章で見たように誕生当時から中国との間に緊張関係が存在していた岸内閣にとって、これらアジア諸国への経済援助は、中国への封じ込め政策の一環であると同時に、戦争で荒廃したアジア諸国の経済復興を促進し、高度経済成長を迎えつつあった日本の工業製品のアジアへの輸出振興を図るという意味合いを持っていました。この構図は皮肉なことに、かつての日本にとって「封じ込め」の対象だった中国に対するＯＤＡにもそのまま受け継がれます。

一九八〇年代に円高が進み、ＧＤＰで米国に次ぐ世界第二位の経済大国になると、日本のODA総額も急増し、一九八九年には米国を抜いて世界第一の援助国になります。

日本のODAは、欧米による開発援助に比べると、その有償支援比率の高さ、特に経済インフラ建設に対する融資への偏重、また援助地域で見ると中国、インドネシアをはじめとしたアジア諸国への集中が顕著でした。また、その援助の方針は、「要請主義」「自助努力」といった点が強調され、ともすれば「理念がない」「独裁政権の基盤を支えている」といった批判がなされてきました。

ただ、逆説的ですが、これはむしろ対外援助における「日本の独自性」を示すものであったと言えるかもしれません。すなわち、日本政府は欧米諸国の援助のように、政治的な条件付けを行うことに対しては一貫して否定的で、人権・民主主義の重要性を考慮しつつも、「押し付け」はしないという態度を貫いたからです。

そして、政治問題については、相手国との友好関係に配慮し、総合的に判断する姿勢が明確でした。これはのちに、インドネシアの軍事政権であるスハルト政権との結びつきなど、経済利益を追求する一方で独裁政権に対する姿勢が甘いのではないかという批判を招くことになります。しかし、こういった日本政府の姿勢が一定程度、アジアの経済発展に寄与したことも確かです。後述するように、中国へのODAが天安門事件などの政治問題が存在するにもかかわらず増加し続けたことは、このようなODAをめぐる日本政府の柔軟な姿勢が大きく寄与していたと言えるでしょう。

## 3 天安門事件による対中感情の動き

### †趙紫陽の政治改革

さて、一九七二年の日中国交回復以降、日中間の経済関係の緊密化は、相互の経済的な利益を追求することが東アジア域内の平和的共存、すなわち相互の安全保障にもつながる、という戦後の平和主義によって支えられてきました。しかし、一九八〇年代も後半になっていくと、平和主義と結びついた実利的な日中友好論は次第に影響力を失っていきます。

一九八二年に生じた歴史教科書の記述をめぐる問題、八五年の反日デモ、そして八七年の光華寮事件など、日中関係は基本的に良好ながら、それに影を投げかけるような事件がしばしば起こりました。このうち、光華寮事件は、京都の留学生寮である光華寮に住んでいた中国人学生の立ち退きを求めて管理主体である中華民国（台湾）政府が起こした訴訟にからんで、大阪高裁が中華民国政府に寮の所有権があるという判断を示したため、中国政府が激しく反発して日本政府に抗議を行ったものです。これに対して鄧小平が日本の中に軍国主義復活の傾向があるなどと日本批判の発言を何度か行ったところ、外務事務次官が「鄧小平氏はすでに雲の上の人」などと不信感を表明したことがさらに中国側を刺激し、外交的にかなりこじれる一幕がありました。

このような摩擦はあったにせよ、この時期の経済交流の拡大は目覚ましく、中国にとっての対日貿易は一九八八年には総貿易額の二割以上を占めていました。また中曽根内閣を引き継いだ竹下登首相は一九八八年八月に訪中し、八一〇〇億円に上る第三次円借款を約束しました。

さらに大きな転機になったのが一九八七年の胡耀邦の失脚、そしてその二年後に生じた（第二次）天安門事件（＝六・四事件）でした。この事件については日本でも毎年六月四日になると、中国の民主化を改めて問う報道が行われるなど、現在でも中国政治を語る上で高い関心を持たれています。しかし、この事件発生の背景として経済問題が重要な役割を果たしたということについては、あまり知られていないのではないでしょうか。

ここでのキーパーソンは趙紫陽です。既にみたように、趙紫陽は経済優先の現実的な指導者として改革開放路線を牽引してきました。趙は政治改革に理解を示していた鄧小平の後ろ盾もあって、一九八七年の総書記就任後、「社会主義初級段階論」を掲げ、あくまでも社会主義の枠組みを堅持しながら改革開放政策を押し進め、経済成長を実現するという基本路線を確認しました。これは、生産力が立ち遅れ、商品経済が未発達の状況においては、まず多くの国が資本主義の下で成し遂げた生産関係の近代化と工業部門の成長を実現しなければならない、という市場経済化路線を正当化するものでした。

一九八七年一〇月の第一三回党大会では、党政（＝党と政治の）分離、企業内に設置された党機構（＝対口部）を廃止するなど政府権限の見直し、政府機関と大衆との協議・対話の推進、村民自治や住民自治など民主的な制度の整備、法体系や党内民主の強化など、一連の大胆な政治改革案を提起しました。中でも、行政機関や労働組合などの社会組織の中心で実権を握っている「党組」の段階的廃止を提起したことは、党の一元的な支配を打破し、多元的な社会の実現を目指すための大きな一歩であると考えられました。

すなわち、趙紫陽は「文化大革命という悲劇をもたらし、民主主義の健全な育成を妨げる根本原因の一つとして、歴史的、社会的伝統である「封建専制主義」の問題を取り上げ、それを社会主義初級段階論＝ブルジョア民主主義革命論に結びつけつつ、長期的視野での

「アジア的」遺制の克服を企図した」のです（石井知章『K・A・ウィットフォーゲルの東洋的社会論』）。趙は、また中国の政治体制における「専制性」を厳しく批判したドキュメンタリー『河殤』を推奨するなど、その開明的な姿勢は明らかでした。しかし、その姿勢は党内での既得権益層（保守派）から厳しい批判を招くことになり、結果的に彼が提起した政治改革案の多くは骨抜きにされてしまいます。

## †政治改革の挫折と天安門事件

さらに、一九八八年には改革の推進を掲げる趙の路線に本格的な危機が訪れます。それは物価の上昇に対する市民の不満の高まりでした。一九八〇年代に入り、地方政府の野放図な投資行動によりしばしば経済が過熱状態に陥ったことは既に述べました。中でも一九八八年のインフレ率は年率にして二〇％近くになり、市民生活を脅かすのに十分なものとなりました。その当時、食糧など生活必需品については、政府の統制価格と市場価格とが並存しており、それが官僚による横流し（＝官倒、後述）を生んでいました。趙はその二重価格制に手を付け、市場価格に一本化する価格改革を断行したのですが、そのことは結果的に高まっていたインフレ圧力を顕在化させることになります。

これについて趙は、価格改革は財市場におけるゆがんだ需給関係の是正のためにぜひとも必要なものであり、慎重に準備を進めていたので「軟着陸」は可能であったと述べています（『趙紫陽極秘回想録』）。問題は、価格改革そのものではなく、その具体的内容が固まらないまま新聞やテレビなどで大々的にその実施が予告され、「価格改革によって生活必需品の価格がこんなに上昇する」という流言が広まり、人々の期待インフレ率が上昇し、買いだめや預金の取り崩しなどの行動を政府がコントロールできなくなったためだというのです。いずれにせよ八八年の七月には前年比で一九・三％、八月には同じく二三・二％の物価上昇率を記録します。

物価上昇の責任を取る形で趙は経済政策の実権を李鵬《りほう》や姚依林《よういりん》といった保守派に譲ります。一旦急上昇した期待インフレ率を沈静化させるためにはすばやく金利を上昇させ金融を引き締める必要がありますが、保守派の金融政策への無理解から、十分な引き締めは行われませんでした。保守派はむしろ国家統制の強化によって無理やり事態の収拾を図ろうとしますが、需要が拡大している中での生産統制の強化は逆効果でした。その結果、生産指標は明らかに低下しているにもかかわらず、消費者物価指数は翌八九年まで上がり続けます。このように典型的なスタグフレーション（＝不況と価格上昇の同時進行）の様相を呈していたのが、民主化運動が発生した当時の経済状況だったのです。

多くの市民が学生による民主化運動を支持した背景には、この時期の「経済失政」が招いたスタグフレーションへの不満も存在していたと考えられます。特に、改革が遅れを見せる中で、一部の官僚が重要物資の二重価格制を悪用し、低い統制価格で製品を仕入れ高い市場価格で転売する「官倒」と呼ばれる行為が横行していたことに人々の批判が集まりました。保守派の経済政策への批判は、国民の間で人気の高かった胡耀邦への高い評価とセットになっていました。従って、一九八七年に胡耀邦が総書記の座から引きずり降ろされ、同時に反ブルジョア自由化運動によって思想的な締め付けが強まったことに対し、人々は強い不満を感じていました。

このような背景から、一九八九年四月に胡耀邦が亡くなり、公式の追悼集会が行われると、それはやがて、天安門広場に集まった何万人という学生・市民が保守派への不満をぶちまける場へと変わっていったのです。それは、周恩来の死を追悼するために人々が天安門広場に集まり、結果的に四人組への批判につながっていった一九七六年の第一次天安門事件を髣髴《ほうふつ》とさせるものでした。

特に四月二六日に共産党の機関紙『人民日報』が社説で抗議運動に対する公式見解を発

表し、鄧小平の厳しい言葉を伝えると、デモ隊と共産党指導部との衝突は避けられない情勢となります。学生は社説が「反共産党」「反社会主義」「計画的陰謀」という激しい非難の言葉を自分たちに向けているのを知り、当局への怒りはエスカレートしていきます。

五月一三日には、二〇〇人以上の学生がその五倍の学生に守られながら天安門広場に座り込み、ハンガーストライキを始めます。趙は、同時期に中国を訪問していたゴルバチョフ・ソビエト共産党書記長に、「政府はデモ隊を武力で弾圧しない」という方針を伝えます。このときゴルバチョフ書記長が北京を訪問していたことは重要な意味を持ちました。訪中に合わせて各国から報道陣が訪れており、天安門事件における抗議活動の過程を現場でフォローしていたため、北京の緊迫した情勢が世界中に知られるという状況がもたらされたからです。また趙はゴルバチョフに対し、肩書のない鄧小平が実質上最高権力者として共産党の権力を握っている、と党の内情を暴露するような発言を行います。この発言が鄧の怒りを買い、最終的にデモに対する強硬手段の採用を招いたと言われています。

そしてついに五月一九日に北京に戒厳令を導入することが決定し、翌日には布告されます。趙紫陽は、保守派の「経済失政」や思想的な締め付けへの民衆の失望を背景に、民主化運動に柔軟姿勢で対応するという打開策を示すことで、強硬一本やりの保守派から主導権を奪い返そうとする最後の権力闘争を挑みますが、結果的にはそのような民主化運動への対応の責任を追及され、戒厳令施行後の会議で総書記および共産党中央委員会の職を解任されます。そしてハンストを続ける学生を前にして拡声器で「私たちは来るのが遅すぎた。申し訳ない」「現在の状況は重大で、党と国家は非常に焦っている。絶食をやめてほしい」と声を詰まらせながら訴えます。これが、趙が公の場に姿を見せた最後になりました。

戒厳令布告後二週間を経た六月三日、人民解放軍兵士の投入に向けた搬送・配置が始まり、翌四日未明に天安門広場を占拠中の学生・市民を軍が装甲車と戦車で制圧、双方合わせ多数の死傷者が発生しました。

その後も、失脚した趙紫陽は二〇〇五年に死去するまで北京市内の自宅に軟禁され、その名前は政治的には依然としてタブー視されたままです。二〇一五年、胡耀邦の生誕一〇〇周年を記念し、一一月二〇日にCCTVの総合チャンネルで胡耀邦の業績を評価するドキュメンタリー番組『胡耀邦』が放送されました。しかし、番組の中で胡耀邦と並んで改革開放のプログラムの実行にあたった趙紫陽が登場することはありませんでした。それどころか、胡耀邦が共産党総書記に就任した共産党の第一二期一中全会の模様を伝える一九八二年九月一三日付『人民日報』の紙面を番組が映し出した時、本来そこに掲載されていた趙紫陽の写真を別人のものに差し替え、あくまでもその姿が画面に映らないようにする、という念の入れようでした。

## †天安門事件後の日中関係

天安門事件における民主化運動の弾圧は国際社会における対中イメージを大きく損ねました。G7（＝先進七ヵ国会議）は中国への制裁を決定し、中国への直接投資は大きく冷え込みます。日本もその対中制裁の動きに同調し、第三次円借款を事実上凍結しますが、それまでの中国政府との良好な関係を考慮し、「中国を孤立させるべきではない」という姿勢を比較的早くから打ち出していました。

七月一四日のフランス・アルシュで開催されたサミットでは、三塚《みつづか》博外相のリーダーシップもあって、「中国当局が孤立化を避けるよう行動することを期待する」という表現の下に、日本の中国に対する姿勢をサミットの声明の中に盛り込むことに成功します。それは、中国が改革開放路線を維持するのであれば、関係を回復する用意がある、というメッセージを送るものでした。

そして、事件の発生から二ヵ月後の一九八九年八月には、当時の海部《かいふ》俊樹内閣が北京市を除く中国への渡航自粛を解除した上、既存の対中ODA案件を再開します。また、同年九月には中日友好協会の招きに応じて、自民党議員の伊東正義を団長とする日中友好議員連盟代表団が訪中し、帰国後には海部首相に第三次対中円借款の早期実施を進言します。九〇年春以降には与野党双方からの訪中が相次ぎ、政財界からの円借款早期再開の声が高まったことを受けて、ついに七月のヒューストン・サミットで新規円借款交渉の再開を表明します。そして、九一年四月に天安門事件後西側諸国の閣僚としては初めて中山太郎外相が、続いて八月には海部首相が訪中するなど、国際社会から中国への厳しいまなざしが注がれる中で、日本は一貫して中国との関係回復に向けて積極的に動いていくことになります。

一連の自民党政権の中国に対する融和的な姿勢は、その後の冷え込んだ日中関係を経験した目から見ると隔絶の感があります。いずれにせよ、このような日本政府の姿勢は中国政府からすれば非常にありがたいものと映ったことでしょう。当時の銭其深《せんきしん》外相はのちに回想録『外交十記』の中で、「西側諸国の包囲網を破るために日本という弱い輪を利用した」のだと述べています。

日中の政府間の関係は比較的早期に改善しましたが、日本の対中世論は決定的に悪化し、しかもその後も回復しませんでした。政府が一九八九年一〇月に行った世論調査では、「中国に対して親しみを感じる」と答えた回答者の割合は五一・六％で、前年に比べ一六・九％も大幅に減少しました。こうした民間レベルでの対中感情の悪化は、九〇年代以降の中国における市民レベルでのナショナリズムの高まりと呼応しながら、一層深刻なものとして継続していくことになります。

## 4 「日中蜜月の時代」の背景

本章では経済を中心とした「日中蜜月の時代」についてみてきました。その背景を経済の視点から検討し直すと、次のようになるでしょう。

第一に、毛沢東時代の比較優位を無視した重工業化中心の経済建設から輸出指向型の労働集約型の産業への転換を促した中国の対外開放政策が、日本の中国経済に対する積極的な関与の姿勢とうまくマッチしたことが重要です。このため戦前における在華紡の進出のときにみられたようなウィン・ウィンの関係が、両国間で復活することになったからです。

第二は、中国の内政と外交が、日本との関係改善を強く要請していた、という点があげられます。中国国内では文革への反省から、まず経済的に豊かになることを優先させる、という気運が庶民の間でも、指導者の間でも高まっていました。一方で、中国を取り巻く対外環境は厳しいものでした。ソ連との一触即発の状態は続いていましたし、劇的に接近した米国との関係をより深めていくには様々な困難が存在していました。そんな中で、高い技術力を持ち、国交回復後友好ムードが高まっていた日本は、中国にとって格好のパートナーだったのです。

第三に、日本国内でも中国の方に歩み寄っていくことをよしとする風潮が社会全体に存在していたことが指摘されます。前章で、一九七二年における国交正常化とその後の日中蜜月の時代まで、日中間の民間経済交流は、いわば「新中国」への連帯を望む立場と、実利的日中友好論という、国内における異なった政治思想上の立場——いわば政治的理想主義と経済的現実主義——の同床異夢によって支えられていたということを述べました。

天安門事件以降、確かに自民党政府がそれまでの良好な関係を踏まえ、国際的に孤立する中国に手を差し伸べることで、当面の関係悪化は回避されます。その後中国が一九九二年の鄧小平の南巡講話《なんじゅんこうわ》により社会主義市場経済路線に舵を切ったことで、今度は日本企業の中国進出ブームという形で経済関係の緊密化はその後も続いていきます。

しかしながら、日中両国を取り巻く内外の状況の変化により、このような日中の良好な関係を支えていた条件は徐々に崩れていきます。中国について言えば、経済的な豊かさが達成されるとともに国民の権利意識が高まり、かつてのように一部の指導者が勝手に政治を動かせるような状況ではなくなっていきます。このため、国交回復時の賠償放棄への国民の不満が、「反日」の動きとして次第に顕在化してくることになりました。また、冷戦の終結とソ連の崩壊は、中国の対日外交の方針にも微妙な影響を与えます。ソ連という最大の脅威が解体したことで、日本との友好関係を維持することの意義が相対的に弱まったからです。

そして、もう一つ重要なのは台湾を取り巻く情勢の変化です。中台間の対立は、かつての「一つの中国」の正統性争いから、次第に「台湾人」としてのアイデンティティをめぐるものに変化していきます。これは当然、台湾とも深い関係を持つ日本と中国との関係にも影響を及ぼします。これらはいずれも、かつての「蜜月時代」の枠組みを提供してきた「七二年体制」の揺らぎを意味するものでした。

状況が大きく変化したのは日本も同じです。天安門事件を契機として中国の政治ニュースなどがリアルタイムで入ってくるようになると、実際の中国社会が抱えている様々な矛盾や問題点が次第に広く知られるようになっていきます。それと同時に、それまでの「新しい中国」のイメージを支えていた共産党政権やその指導者に対する親しみは急速に失われ、むしろ民衆を抑圧し一党独裁政権を維持しようとする旧態依然とした存在としてのイメージがそれにとって代わっていきます。そして、高まってきた大衆レベルでの「反日」の声に反応する形で、日本の国内でも中国あるいは韓国に対する対抗ナショナリズムが力を持つようになります。

このように、日中の良好な関係を支えていた政治的理想主義と経済的現実主義という二つの柱のうち、後者の理想主義的な柱が失われていく、その一つの分岐点が天安門事件であったと言えるかもしれません。

第六章

# 中国経済の「不確実性」をめぐって

2012年北京における反日デモ　写真提供：共同通信社

一九七二年の国交回復以降、日中間の経済関係の緊密化は、相互の経済的な利益を追求することが東アジア域内の平和的共存、すなわち相互の安全保障にもつながる、という戦後の平和主義・理想主義とも深く結びついていました。しかし前章で見たように、一九八九年の天安門事件以降、様々な背景から両国の関係が悪化する中で、戦後の平和主義と結びついた実利的な日中友好論は次第に影響力を失っていきます。

天安門事件の発生と並んでもう一つ重要なのが、「日中蜜月」時代に築かれた政財界の対話・交渉のチャネルが、両国の経済構造が変化を遂げる中で、次第に機能不全に陥っていったことです。前章で述べたように、一九七二年の国交回復以降、日中の経済協力関係を主導したのは、上海の宝山製鉄所のプロジェクトが象徴するように製鉄、石油、電力などといった重厚長大型のプラント産業でした。対話の窓口となった民間機関の中心人物も、そういったプラント産業の関係者であることが多かったのです。

しかし、中国がそれまでの重化学工業優先の経済発展から、比較優位を重視した輸出志向型の発展パターンへとシフトしていく中で、日中間の経済関係の中心はハード重視のプラント輸出から、技術や経営のノウハウの伝達などソフト面での交流も含めた、製造業中心の直接投資へと移ってきます。一九八一年のプラントキャンセル問題に始まり、一九八〇年代にしばしば発生した経済摩擦は、このような両国の経済関係の構造的な変化を背景に生じた側面があります。

一方で、それに対する対応を迫られた経済関係のチャネルは、依然として重化学工業・プラント産業の関係者を中心としており、直接投資や技術移転、貿易収支の均衡といった中国側の新たな問題提起に対して、十分に対応することができませんでした。また、国交回復以前から両国の民間経済交流に関わり、贖罪意識と日中交流への熱意をもってそれを支えてきた「井戸を掘った人々」が次第に第一線を退いていったことも、新たな経済関係のチャネルの構築の遅れにつながりました。

一九九〇年代の中国投資ブームは、上に述べたような日中経済関係の構造的な変化と並行して起こりました。また、経済交流の多様化により、経団連や日中経済協会といった有力な民間の経済団体であっても、トップダウン型で両国の経済関係を調整することが次第に難しくなっていきます。投資ブームの陰で弱体化しつつあった日中経済関係を支える政財界のネットワークは、それでも二〇〇一年のアンチダンピング提訴をめぐる貿易摩擦の際には問題解決に向けて機能しました。また、小泉内閣の時に生じた大規模な反日デモの際にも、各経済団体は両国の関係改善に向けて様々な働きかけを行いますが、政治的な相互不信は払拭できず、「政冷経熱」が常態化するようになってきます。

このような状況の下で日中間の経済関係を「チャイナ・リスク」の観点から論じようとする議論がより説得力を持つようになってきた、といえるでしょう。本章では、一九九〇年代における経済関係の構造的な変化の中で浮かび上がってきた新たな課題を、「不確実性（リスク）としての中国」という視点から整理してみたいと思います。

## 1　さらなる市場化へ

### †社会主義市場経済路線の採択

天安門事件の後、日本が率先して対中経済制裁を解除しますが、海外からの直接投資は冷え込み続けます。しかし、一九九二年に鄧小平が上海と広東省を視察し、経済改革の継続と大胆な対外開放政策を訴えた「南巡講話《なんこうじゅんわ》」を行ったことにより流れが変わります。同年冬の第一四回中国共産党党大会で、いわゆる「社会主義市場経済」路線が採択され、中国が社会主義体制の下で市場メカニズムを取り入れた経済改革を推進していくことが明ら

表6-1　1980年代と1990年代における市場改革の対比

| | 1980年代の改革 | 1990年代の改革 |
|---|---|---|
| キーパーソン | 趙紫陽 | 朱鎔基 |
| 意思決定 | 慎重で合意形成的 | トップダウン的 |
| 改革の力点 | 市場原理を徐々に導入 | 市場を支える制度の強化 |
| 中心となる分野 | 農業・工業 | 金融・規制緩和 |
| 市場経済のルール | 個別ルールの適用（請負制、二重価格制度） | ルールの統一化 |
| 競争促進政策 | 市場参入の自由化 | 国有企業改革（民営化） |
| 権限・利益の分配 | 分権化（「権利を放ち利益を譲る」） | 再集権化 |
| 改革の帰結 | モノ不足、インフレ経済 | モノ余り経済、価格の安定化 |
| 基本的性格 | 「敗者なき改革」 | 「敗者のいる改革」 |

出所：Naughton, Barry（2007）, Chinese *Economy: Transitions and Growth.*

かになると、今度は世界的な対中直接投資ブームが生じます。それと同時に、中国の経済改革の方向性も、大きな変化を経験することになります。

米国における中国経済研究の第一人者であるバリー・ノートンは、一九八〇年代と九〇年代における市場改革の方向性の違いを表6-1のような形にまとめています。大きな流れとしては、財政制度改革が実施された一九九四年前後を一つの分岐点として、それ以降では、市場経済をより規範化されたルールにのっとって運営しようとする「制度化」に向けての動きが顕著になった、といえるでしょう。しかし、グローバル経済への統合と市場メカニズムの急激な導入、すなわち中国経済の「新自由主義化」は、国有企業をリストラされた労働者など、改革を通じた「敗者」の発生という副作用を伴うものでもありました。

趙紫陽という政治改革を目指した地方分権志向の指導者から、同じく改革派ながら政治改革については語らず、中央集権的な志向を持つ朱鎔基《しゆようき》へ、という改革のキーパーソンの交代は、そのような経済構造の変化を象徴するものだったと言えます。

## †財政・金融改革と地方分権路線の修正

九〇年代における中国経済の「制度化」を象徴するのが、一九九四年より全国で導入された「分税制」の実施です。分税制は、それまでの地方財政請負制度が抱える問題点に対処し、中央のマクロコントロール能力を高めることを目的として、地方政府の抵抗を受けながらも、当時副首相だった朱鎔基のイニシアチヴにより導入されました。

分税制とは、中央政府と地方政府の収入が明確に区別されることなく徴収されていたそれまでの地方財政請負制度のやり方を改め、財政収入を「中央固定収入」と「地方固定収入」、および一定の比率で中央・地方間で分配する「中央・地方調節収入」に分類して、徴税の規範化を図ろうとしたものです。税収のうち最大の比率を占める増値税（＝付加価値税）の七五％が中央の収入として処理されたこともあって、一九九四年以降、全体の財政収入に占める中央政府の収入は急激に上昇します。

また一九九〇年代後半には地方への移転支払いという、日本の地方交付税交付金に似た地方への補助金給付が制度化され、中央政府による再分配機能が強化されます。二〇〇二年からは地域の発展水準や、自然条件・民族居住状況などの社会・経済的条件にもとづいて、より客観的に地域間の財政力の調整を行うことを目的とした「財力性移転支払い制度」が整備され、内陸部、特に経済発展が遅れており、少数民族が集中して居住する西部地域への補助金給付額が大きく増やされていくことになります。

次に、金融面での改革についてもみておきましょう。金融改革の主要な目的は、①中国人民銀行の中央銀行としての機能の強化、②国有銀行を始めとした金融機関と地方政府との結びつきを絶ち、政策的な貸出しから切り離す、③市場メカニズムに基づく金融システムの確立とそのための制度化、の三つに整理できます。

このうち二番目のものに関しては、具体的には政策的な融資を専門的に行うために、国家開発銀行、中国輸出入銀行、農業発展銀行という三つの政策性金融機関が設立されました。

また三番目の市場メカニズムの導入については、一九九五年における商業銀行法の制定により、国有専業銀行の商業銀行化が本格的に進みます。このほか、預金・貸出利率の一部自由化、全国統一のコール市場の設立をはじめとした短期金融市場の整備、為替レートの変動幅の増加、銀行間決済システムなど金融取引に関するインフラの整備、金融・資本市場の対外開放などの改革が本格的に始動しました。

これら一連の金融改革により、地方政府と国有銀行の地方分行との癒着によって効率を度外視した融資が行われるという現象には一定の歯止めが掛けられ、それまでしばしば生じていた年率二ケタ台のインフレーションはその後影を潜めることになります。

## †国有企業の所有権改革

財政制度の改革とほぼ一体となって行われたのが、「現代企業制度」の確立を目指して行われた国有企業改革があげられるでしょう。国有企業については、一九八〇年代から経営自主権とインセンティヴを拡大するという改革が進められましたが、所有権があいまいなまま企業の自主権が拡大したため、インサイダー・コントロール（＝経営者や従業員など企業内部者による経営支配）や、過剰設備・過剰人員の問題が生じ、次第に経営が悪化していきます。国有企業は、それまで教育・医療・住宅など様々な福利厚生を提供する、「単位社会」とよばれる一種の生活共同体を形成しており、それらの福利厚生負担のない郷鎮企業や外資系企業との競争で不利な状況に置かれざるを得ませんでした。

そこで一九九〇年代後半からは、株式化や小規模な企業の合併・買収などを含む所有権改革が本格的に行われ、国有企業は旧来の「単位社会」を解体させる形での改革・リストラを余儀なくされます。このような国有企業のリストラにより職場を離れることを「下《シァ》崗《ガン》」といいます。「下崗」は事実上国有企業からの解雇を意味しますが、離職後も再就職先が見つかるまで一定額の生活保障が支払われるなど、元の職場との雇用関係が持続するというものでした。一九九〇年代後半から二〇〇〇年代初めにかけて、「下崗」の大量発生は、社会保障制度が未整備なもとで大きな社会問題となりました。

その後、二〇〇〇年代には、企業の株式会社化が進められ、国有企業はその数の上で工業企業全体の数%ほどになります。その一方で、生き残った一部の国有企業が民間企業を圧迫しているという「国進民退」現象が指摘されるなど、国有企業改革は引き続き中国経済にとって「未完の課題」であり続けています。

## †WTOへの加盟

対外経済政策に関する動きで重要なのは、なんといっても二〇〇一年のWTO（＝世界貿易機関）加盟です。一九八六年中国はWTOの前身であるGATT（＝関税及び貿易に関する一般協定）に加入申請し、一九九二年の南巡講話によって対外開放路線を明確化すると、中国は加盟交渉を行いながら輸入計画、指定国有企業を通じた貿易、輸入許可証制度などの非関税障壁を撤廃していき、二〇〇一年に悲願のWTO加盟を果たします。WTO加盟の効果としては、比較優位原則の貫徹によって国内産業の再編が進んだこと、「外圧」を利用し国内改革が行われたこと、セーフガード提訴に代表されるような、国際ルールにのっとった紛争の処理が積極的に行われるようになったこと、などが挙げられるでしょう。ただ皮肉なことに、中国が参加した二〇〇一年からWTOは新たな多国間交渉の段階、いわゆるドーハ・ラウンドに入りますが、そのころからWTOでは先進国と途上国間の利害対立が表面化し、その閣僚会合は、自由貿易に批判的なNGOなどの激しい抗議にさらされるなど、機能不全に陥ることが多くなります。こういった状況を受けて、中国政府は二〇〇二年のASEANとのFTA枠組協定締結を皮切りに、二国間のFTA（＝自由貿易協定）の締結に積極的になっていきます。

中国が世界経済に本格的に組み込まれていく動きに合わせて、外国為替制度の改革も行われます。一九九四年には、それまでの公定レートと調整市場レートからなる二重為替レート制が廃止され、一ドル＝八・七元の水準の統一レートに一本化されます。これはそれまでの公定レートと比較すると三〇％の大幅な切下げを意味していたため、沿海部の労働集約的な産業を中心とした輸出主導型の経済発展パターンに、ますますドライブがかかっていくことになります。

## 2 経済的相互依存関係の深まり

### †中国投資ブームと対中感情の悪化

すでに述べたように、一九九〇年代には世界的な中国投資ブームが起こります。日本経済は、それがちょうどプラザ合意以降の円高による国内製造コストの上昇の解決と、欧米における貿易摩擦回避のために現地生産を進める動きと対応していたため、製造業を中心とした対中進出ブームが生じます。

皮肉なことに、それと並行して日本国内における中国に対する感情は年々悪化していきます。内閣府が毎年実施している「外交に関する世論調査」では、一九九五年の調査で初めて「親しみを感じない」が「親しみを感じる」を上回り、二〇〇三年から〇四年にかけては「親しみを感じる」が四七・九%から三七・六%へと大幅に低下します。

対中感情の悪化を背景として、巨額にのぼる対中ODAを見直すべきだという議論が盛んに唱えられるようになります。そこで指摘された主要な点は以下のようなものでした。すなわち、日本との貿易摩擦や深刻な人権問題が存在する中国への経済援助には大義名分がない、多額の援助を行ってもほとんど理解・感謝されていない、軍事支出増加を助長するおそれがある、大都市のインフラ建設に偏重しており、格差拡大につながる側面がある、プロジェクトの決定過程が不明確だ、などなど。

もっとも、これらの点の多くは日本のODA全般が持つ問題として、対中ODAが問題となる以前から指摘されていました。日本政府は一九九二年に、これらの日本のODAに対する批判に答えるため、ODAの軍事的用途および国際紛争を助長する使用を回避することや、途上国における民主化の促進や市場指向型経済導入の努力、ならびに基本的人権および自由の保障に配慮することなどを原則とする「ODA大綱」を閣議決定しています。それが日本の対中感情の悪化に伴い、「ODA大綱に違反しているのではないか」として、対中ODA批判の根拠となっていくのです。ちなみにODA大綱は二〇〇三年に改定された後、二〇一五年には「開発協力大綱」と名を変え、日本にとっての安全保障上の意義や戦略的重要性といった国益の追求を明確にうたう形で改定が行われています。

対中ODA批判が他の国に対するODA批判と決定的に異なっていたのは、それが対中感情の悪化とセットになっていたことでしょう。その背景には、急成長する中国の製造業、地域の軍事大国化が日本の脅威になるのではないか、という「中国脅威論」の台頭があります。また、後述のように、中国における愛国主義教育の実施を受けた反日感情の高まりや、日本企業・製品へのボイコットの気運が日本でも盛んに報道されるようになり、日本人の嫌中意識を強めていったということも挙げられます。そして、そのような日中間の「感情の摩擦」は、二〇〇五年に発生した大規模な反日デモによって顕在化することになります。

## †日中間貿易摩擦の発生

経済関係の深まりとともに、日中間ではしばしば具体的な貿易品目をめぐって貿易摩擦が生じてきました。ただし、それらの貿易摩擦は、農業・繊維などむしろ日本にとって競争力を失いつつある、比較劣位産業において生じてきたことには注意が必要でしょう。その典型的な例が、二〇〇一年のネギ・生シイタケ・畳表の三品目に対するセーフガード発令です。

この問題は、急激に増加しつつあった上記三品目の対日輸出自主規制を求める日本政府の要求を中国政府が拒否し、その結果として暫定的セーフガードが発動されたことに始まります。その後、セーフガードの撤回を求めたものの受け入れられなかった中国政府が、その対抗措置として日本を原産地とする自動車、携帯・自動車電話、エアコンの三品目に対し通常の関税に一〇〇%の特別関税を上乗せする報復措置を発動し、事態は泥沼化していきます。

ただし、この摩擦の「痛み」は当初から非対称なものでした。中国側の日本向け輸出のうち、ネギなど三品目の対日輸出額は二〇〇〇年当時で二億ドル程度であったのに対し、中国側が特別関税を課した三品目の日本から中国向けの輸出額は二〇〇〇年に約六六六億円にも上っており、関連業界から問題の早期解決を望む声が上がります。特に、中国への輸出を増やし始めた矢先であった携帯電話と自動車の輸出に特別関税がかけられた影響は大きいものでした。携帯電話については、日本メーカーは中国市場の急成長というチャンスをとらえられないまま二〇〇五年前後に相次いで中国から撤退し、「ガラパゴス化」の道を歩むきっかけになったという指摘もあります。

このような事態を打開するため、日中農産物貿易協議会が設立され、双方の民間団体が加わった「官民協議」の枠組みが作られることにより、最終的に中国側の輸出自主規制という形で解決が図られます。

日中間の経済摩擦は、その後も中国が日本からの輸出品に対するアンチダンピング提訴や、人民元の切り上げなどマクロ経済政策をめぐる政府間の意見の対立などの問題を通じてしばしば表面化します。それでも、この時期の狭義の「貿易摩擦」は、政府あるいは民間の対話のパイプを通じて十分に解決可能なものであった、という見方もできるでしょう。

## †経済構造の変化と貿易摩擦

前章でみた通り、一九八〇年代には中国が原材料や一次産品を輸出し、日本から工業製品を輸入するという貿易パターンが主流を占めていました。それに対して二〇〇〇年以降は中国からも工業製品の輸出が主流を占めるようになり、日中間の貿易は「お互いに工業製品を輸出しあう」という構図を取るようになります。

中国の産業に詳しい丸川知雄によれば、輸出入統計品目番号（＝ＨＳコード）一桁分類を用いて算出された日中間の産業内貿易指数は、中国が労働集約的工業製品の輸出国になり始めた一九八五年頃から近年まで一貫して上昇が続いています。このことは、中国の急速な工業化によって日中両国の産業構造が次第に似てきたことを示すものです。

ただ、中国の工業化が進んだからといって、それがすぐに日中の工業企業が互いに直接競合するような関係になったことを意味するわけではありません。例えば、日中間の産業内貿易指数をより細かなＨＳコード二桁分類を用いて算出すると、一九九〇年代半ばからあまり変化はみられません。すなわち、同じ工業製品を輸出しあっているといっても、「衣類」あるいは「自動車」「工作機械」「電気製品」といったより細かな産業分類を用いると、日中間ではかなり明確な「すみ分け」がなされているのです。

このような工業における日中の相互補完的な関係を裏付けるように、中国で生産を行う日系企業の売上高の増加に伴って、日本からの中間財の輸出が増加する傾向が明らかに存在します。この背景には二〇〇一年のWTO加盟後、中国が日本をはじめ韓国・ASEAN諸国から中間財を輸入し、最終製品を米国やEUに輸出するという東アジア域内での貿易・分業パターンが次第に強固なものになってきたことを示すものです。

図6-1をみれば、かつてはASEANが担っていた「組立・最終財輸出」の工程において、現在は中国が圧倒的な地位を占めるようになっており、ASEANはむしろ中国に中間財を供給する役割を拡大していることがわかります。これに伴い、日本から欧米に向けての最終財の輸出が大きく減少し、それにとって代わるように中国への中間財輸出が拡大しています。すなわち、欧米市場における中国製品のプレゼンスが高まれば高まるほど日本の部品産業も潤う、という構図が成立しているのです。

また、ジェトロ（＝日本貿易振興機構）が毎年実施している、中国に進出した日系企業を対象にしたアンケート調査（『二〇一五年度アジア・オセアニア日系企業活動実態調査——中国編——』）の結果によれば、日本から部品・材料を調達している企業のうち八〇％が

図 6-1a　アジアを中心とした世界貿易の流れ（1999 年）

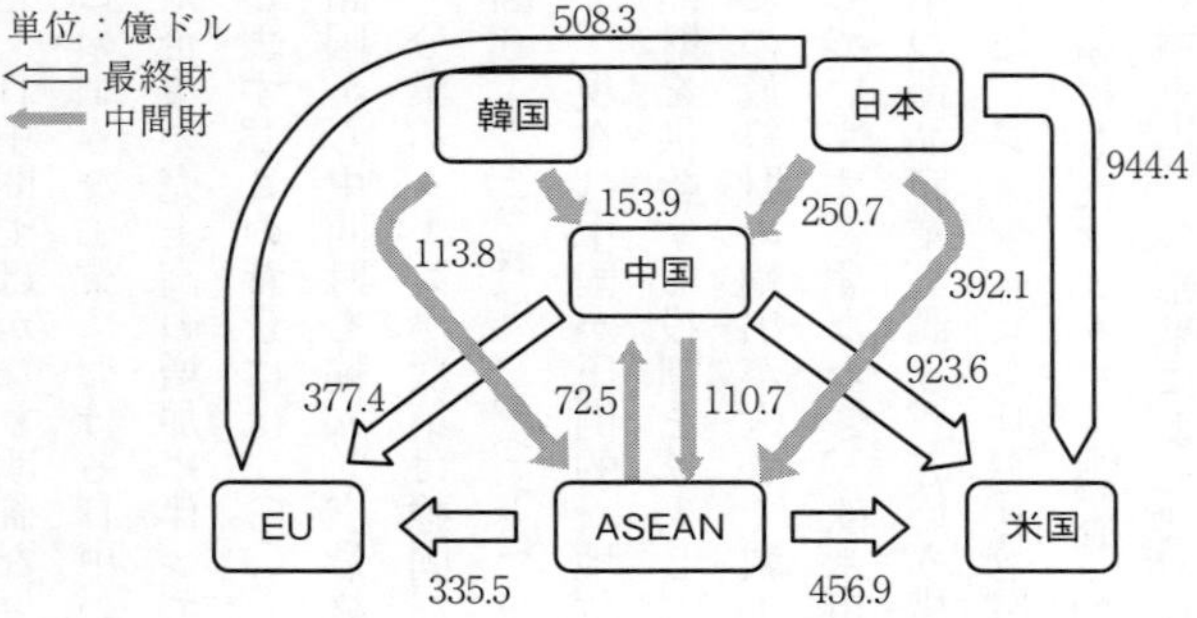


図 6-1b　アジアを中心とした世界貿易の流れ（2012 年）

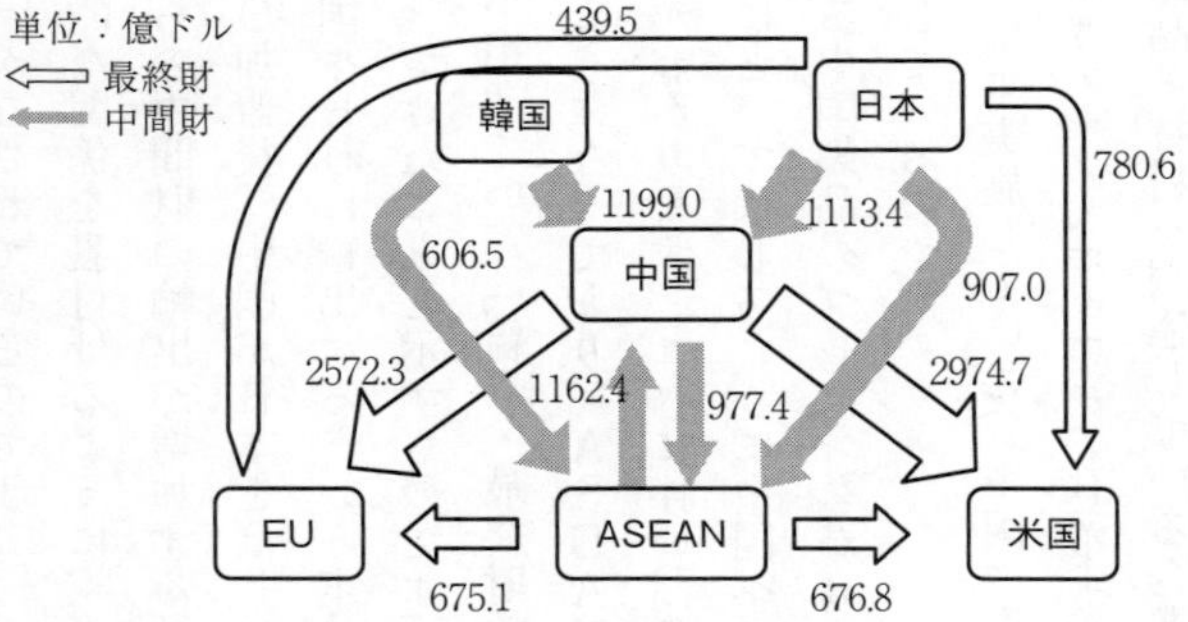


出所：『通商白書 2011』，RIETI-TID2014（http://www.rieti-tid.com/）

「日本でしか調達できない原材料・部品がある」と回答しています。特に液晶パネル、半導体、電池、プロセッサといった電子部品の供給は、多くを日本製品に頼っているのが現状です。このことは、特に製造業における中間財の製造において、技術・品質面において日本の優位性が明確になっており、中国と直接の競合関係にないものがまだかなりの部分を占めていることを示しています。

以上のような状況を踏まえるならば、日本と中国との経済関係は、現在に至るまで多くの産業において競合的というよりも、むしろ補完的な関係にあるのです。だからこそ、前述のような狭義の「貿易摩擦」については、日中の経済の構造上からそれほど深刻なものではなく、政府あるいは民間の対話のパイプさえ築かれていれば十分に解決可能なものだったと言えるでしょう。

ただし、このような製造業内のフラグメンテーション（＝生産工程の細分化）を前提に日中間の「すみ分け」が進むという状況は、以前のように有力な経済団体のトップが日本の経済界の利害を代弁し、中国側と利害調整するというプロセスがうまく働かないことにもつながります。二〇〇五年の反日デモ発生以降、経済界を代表する「実利的日中友好論」が日本国内でプレゼンスを低下させていく背景には、このような東アジアにおける経済の構造変化も影響していると考えられます。

## 3 中国共産党と反日ナショナリズム

### †中国共産党の変貌

冒頭に述べたように、対中投資が増加していくのとほぼ同じくして「チャイナ・リスク」論が台頭するようになった背景には、経済を支えるシステムが先進国のものとはかなり異なっており、それを理解したりイメージしたりすること自体が難しく、それ自体不透明で「不確実」な印象を与える、ということがありそうです。それに加え、中国共産党を中心とした政治的な要因が経済の動向に与える影響力が大きく、にもかかわらず具体的な意思決定の過程が外部から非常に見えにくい、という認識が、相互の経済交流が深まる中で次第に広がってきたことも挙げられるでしょう。

政策決定の不透明さを考える上で、二一世紀に入って以降の中国共産党の性質の変化について触れないわけにはいきません。中国共産党は、もともと労働者や貧しい農民などいわゆる無産階級の利害を代表する「階級政党」であり、社会主義革命を指導する「前衛政党」として出発したはずでした。しかし、改革開放政策の推進に伴い、次第にその姿を変えざるを得なくなり、特に第二次天安門事件後の新自由主義的な市場化路線の中で、「新しい社会階層」の政治参加の取り込みを積極的に図っていくようになるのです。

共産党の大きな変動を主導したのが江沢民《こうたくみん》政権（一九八九〜二〇〇二）による「三つの代表論」です。二〇〇二年の第一六回中国共産党大会では江沢民の「『三つの代表論』重要理論」を党綱領として採択しました。これは、共産党が、①先進的な生産力、②先進的な文化、③最も広範な人民の利益、を代表する政党であるとするものです。

このうち、特に重要なのは③の「最も広範な人民の利益の代表」という部分です。これは、共産党が「階級政党」から、広く国民全体の利害を代弁する「国民政党」へと変化したことを示すものだからです。その背景には、近年躍進が著しい私営企業家など「新しい社会階層」を党内の勢力として取り込み、新しい時代にあった形で変革を行おうという党指導部の意図があります。

次の胡錦濤《こきんとう》政権（二〇〇二〜二〇一二）にもその基本路線は受け継がれます。胡錦濤政権によって提唱された「科学的発展観」には、「新しい社会階層」を取り込みつつ、調和の取れた社会のもとで持続可能な発展を目指すという意図が込められていました。同時に、いわゆる「三農」（＝農村・農業・農民）への重点的資源配分、地域均衡的な発展戦略といった、より困難な社会階層への配慮を示す「和階社会（＝調和の取れた社会）」を唱えることで、江沢民政権で進みすぎた経済自由化の流れを一定程度調整し、格差を是正する方向性も示されました。

しかし、胡錦濤政権は共産党内の路線対立から、十分にリーダーシップを果たすことができず、政治・経済改革に関する明確な方針を打ち出せないままその任期を終えました。また、世界経済を襲った二〇〇八年のリーマンショック後に採用された財政・金融面での大規模な景気刺激策は、市場に対する政府の介入の度合いを増大させ、「国進民退（＝国有企業が民間企業を退ける）」と一部から批判される事態を招きました。

こういった一連の共産党の「国民の代弁者」への変化は、日中関係の在り方にも大きな影響を与えることになります。それは、毛沢東および鄧小平といったカリスマ的指導者の時代には、外交上の配慮から押さえつけられてきた民衆の反日感情を、共産党自らが政権の正統性の根拠として重視し始めたことを意味するからです。実際、江沢民政権のころから日中関係は中国国内での反日ナショナリズムの高まりを受けて急速に悪化していきます。

## †相次ぐ反日デモ

第二次天安門事件後の国内政治の立て直しを迫られた江沢民政権は、求心力を保つために愛国主義の鼓舞という戦略を採用します。学校では、中国にとって屈辱の時代だった近代史の教育を充実させることを中心とした、いわゆる愛国教育が開始されます。一九九四年には「愛国主義教育実施綱要」が公布され、各地の戦争記念碑や犠牲者追悼施設などを「愛国主義教育基地」として整備し、愛国教育の拠点とする試みも行われます。一九九八年には江の訪日が実現しますが、宮中晩餐会のスピーチなどで過去の侵略戦争に関する遠慮のない批判を展開し、むしろ日中関係の冷え込みを印象づける結果となりました。

その後を引き継いだ胡錦濤政権は、当初歴史認識問題で強硬な姿勢をとらず、対日関係を重視する姿勢を見せていました。しかし就任時から年一回の靖国参拝を公言し実施してきた小泉純一郎首相が、中国側からの要請にもかかわらず参拝にこだわり続けたこともあり、結局のところ大衆的な反日ナショナリズムの気運を抑えることができませんでした。二〇〇四年には、日本の国連常任理事国入りの動きを巡り、それに反対する署名やデモなどの運動が盛り上がりを見せます。

そしてついに二〇〇五年四月には四川省成都市の日系スーパー、イトーヨーカドーが群衆に襲撃され、続いて北京や上海の大使館や領事館前に群衆が集まり石やペットボトル、ペンキを投げ込むなど、各地で反日デモや暴動が広がります。

その後、険悪化した日中関係は二〇〇六年一〇月に小泉の後を受けた安倍晋三首相が就任後最初の外遊先に中国を選び、「氷を砕く旅」として中国側に評価されることによって修復されます。翌二〇〇七年には温家宝《おんかほう》首相の、そして二〇〇八年には胡錦濤国家主席の訪日も実現するなど、日中関係はいったん「雪解け」に向かうかに見えました。しかし、その四年後、民主党政権下の二〇一〇年には尖閣諸島近海において、中国漁船が日本の海上保安庁の巡視船に衝突する事態が生じます。この時、日本政府が逮捕した船長の拘留を延期したことから、それに抗議する中国政府が閣僚の接触停止、主要な会議の延期、さらにはレアアースの輸出制限など一連の強硬な姿勢を見せ、日中間の緊張が一気に高まりました。

そして二〇一二年八月から九月にかけては、日本政府の尖閣諸島の国有化に抗議する形で、二〇〇五年をはるかに上回る規模のデモや、日系企業、店舗をターゲットにした暴動が百を超える都市で展開されます。また、中国政府もこの反日の動きを支持し、日中間の公的な交流は一時期ほぼストップします。

この時の大規模なデモで目立ったのは、反日のスローガンと同時に毛沢東の写真を掲げてデモに参加する一部の群衆の姿でした。これは、一連の反日デモや暴動が、国内の経済格差が拡大を続ける中で、不満を抱いた一部民衆の怒りのはけ口という側面を色濃く持っていたことを象徴する光景だったと言えます。

いずれにせよ、こうした反日デモ、暴動のたびに、日系のスーパーや日本料理店、あるいは企業などに群衆が押し寄せる映像が繰り返し流されたことによって、日本においても中国でのビジネスはすっかりハイリスクだというイメージが定着した感があります。また、日本における経済界に代表される実利的日中友好論のプレゼンスも大きく低下しました。それでも二〇〇六年には経済同友会が「今後の日中関係への提言――日中両国へのメッセージ」という文章を発表し、首相の靖国神社参拝について再考を求めるなど、日中間の相互理解・交流のためのかなり踏み込んだ提言を行いました。しかし、二〇一二年における大規模な反日デモ・暴動の際には、焦点となったのが領土問題という日本政府にとって妥協が困難なものだったこともあり、経済同友会を含む経済界からの日中関係改善に向けたメッセージが、まとまった政策提言として発信されることはありませんでした。

シカゴ派の経済学の創始者ともいわれるフランク・ナイトは、例えば自動車事故のように生じる確率が客観的に判断可能であり、それゆえ保険によってカバーできる「リスク」に対して、そのような客観的な確率の計算が不可能であり、文字通り何が起こるかわからないような状況のことを「不確実性」と呼び、明確な区別を行いました。日中関係の悪化を背景に、近年の日本では中国との経済関係、ひいては中国経済そのものがナイトの言う「真の不確実性」に近いイメージで捉えられ、それゆえその先行きについても悲観的な論調が支配的になっている、と言えそうです。

## ✝不透明な習近平政権の性格

反日暴動が吹き荒れた二〇一二年の一一月には第一八回共産党党大会が開かれ、習近平《しゅうきんぺい》が総書記に指名されます。新政権の政策的な方向性を示したのが、二〇一三年一一月に行われた第一八期中央委員会第三回全体会議（＝三中全会）において採択された「全面的な改革深化に関する若干の重大問題の決定」です。ここには、政府予算の立法機関による審査を徹底化し、より透明な予算管理制度を導入することなど、社会・経済の様々な分野でかなり踏み込んだ改革の方針が盛り込まれました。

また内閣にあたる国務院は、二〇一四年七月三〇日に「戸籍制度改革をさらに推進するための意見」と題した文書を発表します。同文書では、農村戸籍と都市戸籍の区分を段階的に廃止し、都市と農村で共通の居住証により住民を管理する制度を導入する方針を示しました。これは、いわゆる「農民工」など農村から都市に流入してきた人々に対し、一定の条件を満たせば当該都市の居住証を発行するというもので、それにより当該都市での居住や就業が保障されるだけではなく、教育や医療、年金といった社会サービスを受ける権利が得られることを意図したものです。

このように、習近平政権は、社会・経済に関する制度改革においては自由主義的な改革指向の経済政策の方針を比較的明確に打ち出しています。その一方で、就任以降いわゆる「反腐敗キャンペーン」を大々的に展開し、周永康《しゅうえいこう》（元政治局常務委員）、徐才厚《じょさいこう》（元中央軍事委員会副主席）など大物政治家を汚職嫌疑で逮捕するなど、強引な手法も目立ちました。また、リベラルな論調のメディアや知識人への言論弾圧、人権派弁護士の相次ぐ拘束、さらには毛沢東時代に回帰したような社会主義イデオロギーの強化など、政治面では強権的な姿勢を打ち出しており、その改革の姿勢は「みせかけ」に過ぎないのではないかという批判が国内外で生じています。

特に、それまで体制の枠内で活動をしていた人権派弁護士への弾圧は苛烈を極め、二〇一五年七月には二〇〇人以上に及ぶ人権派弁護士・社会運動家などが海外から資金援助を受けて、社会事件の教唆を行い、反政府的な感情を煽っているという理由で相次いで逮捕・拘束・事情聴取されるという深刻な事態が起きています。この事件については、日本弁護士会が事態を憂慮する声明を出しています。

また、上記の第一八期三中全会における「決定」や、その後の中長期的な政策の方向性を示した第十三次五ヵ年計画で強調された、鉄鋼や石炭などの供給能力が過剰な産業における「ゾンビ企業」とされる大型国有企業の改革とリストラ、後述する「影の銀行」の温床となった金融制度の改革など、懸案となっている経済改革が具体的にどういったスケジュールで進められるのかどうかも、現時点では依然先行きが極めて不透明です。

このように習近平政権下における政治および経済の「改革」をどう評価するかは、今後の課題として残されています。いずれにせよ、これからの日中経済関係が、このような共産党政権自体が持つ不透明かつ不確実な性格に少なからず翻弄されていくことは間違いないでしょう。

## 4　中国経済はリスクか、チャンスか？

### †「チャイナ・リスク」三つの側面

先ほど、中国経済そのものがフランク・ナイトの言う「真の不確実性」に近いイメージで捉えられるようになった、と書きました。日本経済あるいは企業にとっての「リスク要因」として中国経済をみるとき、そこには以下の三つの意味が込められているように思われます。

①中国の企業が日本企業のライバルとなり多くの産業で直接競合する、というリスク
②先行き不透明であり、ハードランディングの可能性をはらむ中国経済に日本経済・企業が依存することのリスク
③両国のナショナリズムや外交・安全保障上の対立が経済関係に影響するリスク

このうち、①の両国の経済活動が直接競合するリスク、すなわち狭義の「経済摩擦」については、両国の経済構造上それほど深刻なものではない、ということはすでに指摘しま

した。すなわち、前述の三つの側面のうち、日本経済にとってより大きな意味を持つのは、中国経済自体の先行き不透明性にかかわるリスク、および両国の外交・安全保障上の対立が経済関係に影響するリスクの方だと考えられます。ここでは、中国経済自体の先行き不透明性が日本経済・企業にどのようなリスクをもたらすのか、やや詳しくみていきましょう。

## †上昇する労働コストと賃金格差

中国での生産を行う日本企業が抱える経営上の問題として必ず挙げられるのが労働コストの上昇でしょう。前述のジェトロが日系企業を対象に実施したアンケート調査の結果によれば、回答した企業のうち二〇一四年調査で八三・九％、二〇一五年調査では八四・三％が経営上の問題点として「従業員の賃金」を挙げています（複数回答可）。これは「品質管理の難しさ」「従業員の質」など他の回答を引き離して毎年ダントツの一位となっています。

このような中国における労働コストの上昇は、単に日本企業に経営上の問題をもたらすというだけではなく、これまでの高成長を支えてきた労働集約型産業の衰退を通じて今後の中国の経済成長の持続性に疑問を投げかける、より大きなリスク要因の一つとしてとらえられるようになっています。

ただ、資本が国境を越えて自由に移動するグローバル資本主義のもとでは、もはや一国レベルの分配政策では現在の格差の拡大を防ぐことができない、というフランスの経済学者、トマ・ピケティが『二一世紀の資本』で行った指摘を考えれば、中国での賃金や労働分配率は、現在考えられているほど急速には上昇していかない可能性もあります。

むしろ、近年の賃金上昇が、労働者間の格差を伴いながら生じてきたことに注意が必要でしょう。特に今世紀に入ってから国有企業と外資系企業をのぞく非国有企業との賃金格差は、大きく拡大しました。特に、私営企業の賃金水準は一貫して国有企業の五〇〜六〇%程度の水準しかない上に、様々な福利厚生や給与以外の副収入も含めると、部門間の所得格差はさらに大きなものとなります。

このような賃金に関する「不公平」観が広がるなかで、第一章でみた在華紡における労働争議のように、ナショナリズムの問題と労使間の対立とが結びついてしまうことが、日本企業にとっては潜在的な脅威となるでしょう。一時は激しく燃え上がってもやがて冷めていく傾向を持つナショナリズムに対し、労使間の対立は上記のような現在の中国経済の構造的な問題に起因しており、今後も尾を引いていく可能性があるからです。この点については、終章でもう一度詳しく論じます。

### †「影の銀行」がもたらすリスク

中国経済自体の「先行き不透明さ」を象徴する出来事として、二〇一〇年代になってクローズアップされてきた、「影の銀行」をめぐるリスクが挙げられるかもしれません。

欧米先進国、とくに米国では、投資銀行を中心に非常に洗練された金融仲介の手法が発達し、米FRB（＝連邦準備制度理事会）の規制の及ばないところでレバレッジと流動性リスクを急激に増加させてきました。このような欧米の「影の銀行」の特徴は、証券会社がCP（＝コマーシャルペーパー）の提供によって市場から短期資金を大量に借り入れ、CDO（＝債務担保証券）などの仕組み債の取引を通じて、レバレッジを高めた高リスクの運用を行うところにあります。

しかし、中国版「影の銀行」はこのような高度な金融商品の取引を前提としたものというより、金融当局の規制の目を逃れるため商業銀行が簿外取引を行うというのが最も一般的な形態でした。代表的なものは、銀行が資産をバランスシートから切り離し、信託会社などと協力して別会社を作り、不動産などに投資を行うというもので、一般に「信託貸付」あるいは「銀信合作」と呼ばれています。

中国では、法律により、商業銀行と証券・保険業務の相互乗り入れには厳格な規制が設けられています。このため、銀行は資産項目のうちいくつかのものをバランスシートから切り離して別会社にうつし、それを「理財商品」と呼ばれる小口の金融資産に分割した上で、銀行の窓口を通じて代理販売する、という方法が採られたわけです。

「影の銀行」については、地方政府によるダミー会社を通じた借り入れの仕組み、いわゆる「融資プラットフォーム」への融資が拡大していることも問題視されました。こういった地方政府の「隠れ債務」がジワジワと拡大を続け、いずれ財政・金融システムを揺るがすような問題となるのではないか、という懸念が生じたからです。中国審計署（＝日本の会計監査院に相当）による政府債務に関する調査報告書によれば、二〇一三年六月末の時点で、中央政府の債務残高が一二・三八兆元であるのに対し、地方政府の実質的な債務残高は一七・八九兆元に達し、前回の二〇一一年の調査に比べても七〇％以上増加しました。

中国経済では、既存の硬直的で疲弊したシステムがもたらす様々な問題に対して、システムの「周辺」に存在するアクターが、「なし崩し」的にシステムの裏をかくことで形成された、いわば「自生的な市場秩序」が、しばしば重要な役割を果たしてきました。「影の銀行」も、金利の自由化など金融改革が進まない中、その隙間を縫う形で生み出された金融仲介のイノベーションという側面を持っています。こういった、一方では経済のリスク要因であり、一方では中国経済の「したたかさ」「底力の強さ」を示すような現象をどうとらえるのか、そこに今後の中国経済を考える上での難しさがあると言えます。

### †旺盛な市場参入と激しい価格競争

中国でのビジネスがもたらすもう一つのリスクとして、旺盛な市場参入に支えられた激しい価格競争の存在があげられるでしょう。前述のジェトロによる二〇一五年度の企業アンケートによれば、現地で生産する日系企業の五〇・七%がコスト面で競合する「競合相手の台頭」を、また五四・二%が「限界に近づきつつあるコスト削減」を、四四・七%が「主要取引先からの値下げ要請」を、それぞれ経営上の問題として挙げています。

このような、中国の製造業における激しい競争圧力を示すユニークな調査結果があります。二〇一三年の夏、中国国家工商総局が、国内の企業約一三二〇万社の「生存率」を調べた結果を公表し、その結果がメディアでも報告されました（国家工商総局企業注冊局信息

中心『全国内資企業生存時間分析報告』)。

同調査によると、調査対象企業の設立五年および九年後の「平均生存率」は、それぞれ六八・九%と四九・六%でした。すなわち、八年以内に半数の企業が市場から退出しているわけです。同調査はまた、企業の業種別に第一次、第三次、第二次の順に平均寿命が短いことや、企業規模が大きいほど存続年数は長いことなどを明らかにしています。

この調査の結果を、「中国企業の短期的な行動のパターン」を示すものとして否定的にとらえることも可能でしょう。しかし、「企業の寿命が短い」ということは「新規参入が活発」ということの裏返しでもあります。アジア経済研究所の研究グループでは、このような「新規企業の旺盛な参入」を中国の産業を特徴づける現象として肯定的にとらえ、その生産性向上の仕組みについて詳しく検討しています。

市場への企業の旺盛な参入が、単なる価格競争に終わらないのは、それが産業全体の固定費用の引き下げにつながっているからです。通常、新しい製品開発を行うのには多額の研究開発費と時間を必要とします。この研究開発費が大きな負担としてのしかかってくるので、特に技術や消費者の嗜好の移り変わりが激しい製品の市場では、資金面で優位性を持たない途上国の、とりわけ零細企業の参入障壁は非常に大きなものでした。

ところが、携帯電話、家電、自動車など、中国国内のいくつかの産業では、零細な部品企業が共通の「技術プラットフォーム」、すなわち開発プロセスを半ばオープンにしながら研究開発費や一部のプロセスを共有する仕組みを作り上げています。これは、一社で抱え込むと重すぎる研究開発費の負担を、多数の企業でシェアすることにより個々の企業の固定費を大きく引き下げようというものです。このような零細企業同士の「競争と協力」は、終章で触れる深圳の「メイカーズ・ムーブメント」にもつながる、中国経済のダイナミズムの源泉ともなっています。

### †「不確実性」に直面する日系企業

以上見てきたように、日本企業の場合、中国での活動のリスクは、中国政府の外交方針や民間のナショナリズムによっても大きく左右されています。そのようなリスクを避けて、中国以外の地域に生産拠点を移す、という動きはどの程度進むのでしょうか。

近年、中国での生産から撤退してミャンマーやベトナムなど、より労働力の安価なASEAN諸国に生産拠点を移す、といういわゆる「アセアン・シフト」が大きな流れとして喧伝されました。二〇一三年の『通商白書』の企業アンケートによると、リスクに備えて生産拠点の分散化を実施しているかという調査に対し、全体の一四・二%の企業が「分散化している」、二九・九%の企業が「分散化を検討している」と回答しています。また、その中では中国の生産拠点を分散化させる必要があると考えている企業が最も多く、その大半が分散先としてASEANを挙げています。

また、ジェトロによる二〇一五年の企業アンケートの結果によれば、中国での事業展開について今後「拡大する」とした企業の比率は、二〇一一年度には六六・八%、尖閣問題を背景にした反日デモ/暴動が吹き荒れた直後に行われた二〇一二年度の調査では五二・三%と大きく落ち込みました。二〇一三年度の調査では五四・二%とわずかながら回復する傾向を見せますが、その後二〇一四年には四六・五%、二〇一五年には三八・一%と再び低下しています。

ただし、これらの数字から短絡的に「中国からの企業撤退ブーム」が起きていると結論づけるのは早計です。上記のアンケートでは「拡大する」の数字の低下はほとんど「現状維持」が吸収しており、「縮小」および「第三国(地域)へ移転・撤退」という回答は二〇一四年で七・五%、二〇一五年で一〇・五%にとどまっています。また、「事業を拡大する」と回答した企業の六割以上が現地での「販売機能」を強化する、と回答しており、市場としての中国の魅力は今後も大きなものであり続けそうです。

財務省の国際収支から得られた統計では、二〇一五年の中国に対する日本からの直接投資実行額は前年比四六・八％増の一兆一七〇億円と大幅な伸びを記録していることからみても（ジェトロ『二〇一五年の対中直接投資動向』）、日本企業にとって中国でのビジネスの重要性はそう簡単には失われるわけではなさそうです。

東南アジアや南アジアと比べた場合、中国国内の産業集積地の優位性は、何といっても域内での部品調達能力にあります。例えば広東省の珠江《しゅこう》デルタには日系の部品企業だけではなく、香港・台湾系および地場系の部品企業が存在し、互いに激しい価格競争を繰り広げています。特に同地域に製造業拠点を置く日系事務用機メーカーにとっては、約一、二時間の圏内で必要な部品のほぼすべてが調達できるという大きなメリットがあります。

珠江デルタに進出している企業がＡＳＥＡＮに製造拠点を増設する場合でも、珠江デルタでは高付加価値の製品を、ＡＳＥＡＮでは低付加価値の製品を生産するといった製品のレベルによる差別化が行われている場合も多いと考えられます。また、ＡＳＥＡＮ自体が中国への部品供給地としての性格を強めており、その意味では東南アジアに工場を移転したからといって中国経済自身が持つリスクの存在から逃れられるわけではない、という点を銘記しておくことが必要でしょう。

## †今後の中国経済のゆくえ

ＧＤＰ世界第二位の経済大国として、中国は世界経済の中でますますそのプレゼンスを拡大させています。その一方で中国経済は、大きな曲がり角にさしかかってもいます。急速な労働賃金上昇による外資企業の撤退、信用膨張がもたらす不動産バブル崩壊の危険性、急速な高齢化の進行、深刻化する格差問題や環境問題など、その問題点やリスクの存在を挙げだしたら切りがありません。

二〇一五年三月、中国の国会にあたる全国人民代表大会では、経済が「新常態」と表現される安定的成長段階に入ったことが強調され、成長率目標を前年までの年率七・五％前後から七％前後に引き下げることが表明されました。ここでは、世界経済に対する関与という観点から、「新常態」を迎えた中国経済のゆくえを考えてみましょう。

第一のポイントは、国際金融秩序へのコミットメントです。「世界の工場」となった中国は、膨大な貿易黒字を計上し、獲得した外貨を主に米国債などの形で保有してきました。このため、中国政府はドル建ての資産の目減りを恐れ、米ドルと人民元との為替相場を安定的に保とうとするあまり、金融政策の自由を事実上奪われてきた側面がありました。例えばリーマンショック後、米FRBの行った大胆な量的金融緩和政策に引きずられる形で中国政府も金融緩和を継続し、不動産バブルの発生や過剰な設備投資などの「後遺症」に苦しめられたという経緯があります。

ただし、かつての中国が通貨制度も含めた世界経済の「ゲームのルール」を、ただ受動的に受け入れる存在でしかなかったのに対し、いまや積極的にルールの構築にかかわるほどの力を確実につけてきています。例えば、リーマンショック後の二〇〇九年四月に行われたG20の席上で、当時の温家宝首相はドルが基軸通貨になっていることが新興国の為替制度を硬直的なものとし、外貨準備を膨らませ、世界的な過剰流動性をもたらしていると発言し、IMF（＝国際通貨基金）改革の必要性を訴えています。

さらに近年では、中国が中心となって独自に国際金融機関を設立し、獲得した外貨を「還流」し、経済援助や直接投資を通じて新興国経済を活性化させ、中国国内の過剰な生産能力に対する市場拡大を促進させようとする動きも目立ってきました。

それが二〇一四年七月に合意が行われた、新しい開発銀行設立の動きであり、さらには二〇一五年一二月に発足したAIIB（＝アジアインフラ投資銀行）設立の動きだと言えます。

前者については、開発途上国のインフラ建設資金の援助など、世界銀行と業務が重なるBRICS開銀に加え、流動性危機に陥った国に対する緊急融資など、これまではIMFが担ってきた業務を行う外貨準備基金の設立も同時に決定されました。

またAIIBについては、その設立の過程が日本でも大きな注目を集めました。日本政府は、米国政府とともにAIIBのガバナンスの透明性や、投資供与国の政府との中立性の確保などに懸念を示し、一貫して参加に慎重な姿勢を示しました。しかし、二〇一五年には英国をはじめとした西側の先進諸国が相次いで参加を表明し、同年一二月には五七カ国を創設時のメンバーとして、資本金一〇〇〇億ドル(約一二兆円)で設立されました。

このような動きと対応しているのが、第二のポイントである、海外への積極的な資本投資を新たな成長エンジンにする、という政府の発展戦略の転換です。それを象徴するのが、二〇一四年一一月に開催されたAPECの席上で習近平国家主席が提起し、二〇一五年の全人代における政府活動報告でその推進が強調された「一帯一路」戦略です。これは、中国から中央アジアのカザフスタン、ウズベキスタンを経由してオランダまで伸びる「シルクロード経済ベルト(=一帯)」、およびインドネシアからインド、スリランカ、ケニア、ギリシャを経てオランダにいたる「二一世紀海のシルクロード（＝一路）」という、中国を中心とした新たな経済圏建設の方針を総称したものです。

特に中国政府が重点を置いているのが、インフラ建設の遅れた「シルクロード経済ベルト」を横断する高速鉄道の建設です。これを象徴するように、二〇一五年六月には国有の大手車両メーカーである「中国北車」と「中国南車」が合併した、世界最大規模の車両メーカー「中国中車股份有限公司」が設立されました。この巨大な車両メーカーは、海外の競合相手に比べ圧倒的な価格面での優位を武器に、新興国へ積極的な売り込みをかけていくことが予想されています。

「一帯一路」構想に象徴される資本輸出型の経済発展戦略は、安定成長路線すなわち「新しい常態」を迎える中国経済の将来を占う上で、極めて重要な意味を持っています。これらの経済発展戦略は、リーマンショック後の大規模な景気刺激策の後遺症ともいうべき過剰な国内の供給能力や資金を海外に「逃がし」、従来の粗放的な経済成長パターンの中で顕在化した矛盾を緩和する、という側面も持っているからです。

では、この一帯一路構想は、中国が新たな経済成長のパターンを創出する上での切り札となるのでしょうか。それはひとえにＡＩＩＢや同時期に設立された「シルクロード基金」などの資本を受け入れ、インフラ建設を行おうとする周辺諸国の経済成長が軌道にのるかどうかにかかっており、未知数の側面があります。また、その動向を占う上では、二〇一三年に設立された上海の自由貿易試験区に象徴される対外的な資金移動自由化の進展、およびそれに合わせた国内金融システムの改革の動向、さらには二〇一五年一一月のSDR（＝IMFの特別引き出し権）構成通貨入りに象徴される人民元の国際化なども重要な要素となるでしょう。

また、国内の経済政策との兼ね合いでの懸念材料もあります。前述のように、習近平政権は戸籍制度改革を推進し、農民と都市住民との間にある制度的な格差を段階的になくす方針を明らかにしています。これは、「新型都市化政策」として、農民に都市住民並みの行政サービスを提供することで新たな中間層を創出し、国内消費需要の牽引役を担うことを期待したものです。

この「新型都市化」の推進は、国内のインフラなどへの投資拡大を必要としています。したがって、海外に資本を輸出し、国内財の輸出拡大を図る「一帯一路」戦略との間に、「資金の奪い合い」が生じる可能性もあります。また、国内の過剰な生産能力の「はけ口」を海外に求めることで、本来淘汰されるべき企業が延命し、生産効率性の低下をもたらすかもしれません。

いずれにせよ、経済の超大国へと向かいつつある中国はどのように動いても世界に大きなインパクトをもたらします。国内経済の安定的な成長を持続すると同時に、バブルの発生と崩壊のリスクを軽減し、世界経済の持続的成長と貧困の削減に積極的な役割を果たしていけるのか。その舵取りが少しでも狂ってしまえば、日本経済が大きな影響を受けることは避けられません。その意味でも、日本に住む私たちは、今後の中国経済のゆくえからは目を離すわけにはいかないでしょう。

終章

# 過去から何を学び、どう未来につなげるか

深圳でドローンレースを主催する団体のオフィス　写真提供：伊藤亜聖

## †労働者を取り巻く厳しい環境

これまで、日本と中国の経済交流の歴史についておよそ一〇〇年のスパンで見てきました。二一世紀の日本に生きる私たちは、今後中国とのビジネスを行っていくにあたって、これらの過去の経験から、どのようなことを学んでいけばよいのでしょうか。

まず一つ指摘しておきたいのは、日本企業にとって、両国間の政治的な対立と労使間の対立とが結びついてしまうリスクにこれまでもさらされてきたし、今後もさらされていくだろう、という点です。ここで筆者が、第一章で詳しく述べた、一九二〇〜三〇年代にかけて頻繁に発生した日本製品に対するボイコットや、在華紡におけるストライキの経験を念頭に置いているのは言うまでもありません。

もちろん、戦前期と比べて産業構造が非常に複雑化した現在では、一つの製品の中でどこまでが日本製品なのかわからないような入り組んだ状態になっており、単純に日本製品をボイコットして民族資本を守る、というロジックが成り立たないのは明らかです。しかし、現代の中国経済は構造的な労使間の矛盾の上に成り立っているのも事実であり、それが何らかのきっかけで表面化しナショナリズムと結びついていく可能性は否定できません。

というのも、中国の労働者および労働運動を取り巻く状況は、二一世紀に入ってますます厳しさを増しているからです。

中国には、「工会」という労働組合にあたる組織が存在します。しかし、「工会」はこれまで労働者の味方というより、中国共産党の指導下におかれ、その労働政策を支える役割を果たしてきた組織です。このため、労使間の紛争が生じた時も、工会は労使双方の立場に配慮し「板挟み」のような立場に置かれることが多く、労働者からも自分たちの利益代表とはみなされてきませんでした。

二〇一〇年には、広東省仏山《ふつざん》市のホンダの部品工場をはじめとして、広東省の珠江《しゅこう》デルタで賃上げを要求するストライキが次々と生じますが、これらは工会を通さず労働者がSNSなどで参加を呼びかけ、自主的に行われたものでした。これは、工会がそれだけ労働者の信頼を勝ち得ていないことを示すものだと言えるでしょう。

また、農村からの出稼ぎ者（農民工）を中心とする非正規労働者が置かれた劣悪な労働環境に対しても、「工会」は基本的に無力でした。そういった非正規労働者の労働環境改善に取り組んできたのが、いわゆる草の根の労働NGOです。

特に出稼ぎ労働者が多い広東省の珠江デルタで政府から自立した活動を行ってきた労働

NGOは、工会の機能を補完するものとして政府からもその活動を黙認されてきました。しかし近年、体制の安定的な維持にとって不安材料である農民工の動向に政府が警戒感を示すようになるとともに、強制的な閉鎖が相次ぐなど、その活動には大きな逆風が吹いています。そのような労働NGOが置かれた厳しい状況を象徴するように、二〇一五年一二月には広東省の広州市および仏山市で労働争議などの解決に携わってきた労働NGOの幹部十名余りが、横領や社会秩序の攪乱などの容疑をかけられ、当局に拘束・逮捕されるという事件も起きています。

こういった労働運動の国家による抑圧の背景には、逆説的ですが、労働者と対峙《たいじ》する企業家、すなわち資本家の側も、国家から自立した存在として経済活動のルール作りに参画することができないという中国社会の現実があります。こうした企業家たち、日本でいう「経済界」が、経済活動のルール作りに主体的に関わっていくためには、その国家に対する批判を含めた発言の自由が保障されている必要があります。しかし、その実現にはまだほど遠いのが現実です。例えば、二〇一六年には、「物言う企業家」として人気を集めていた不動産王の任志強が、中国のSNS「微博」やブログなどで習近平政権下における言論統制の強化を批判する発言を相次いで行い、当局の怒りを買った結果、微博のアカウントが削除されるという事件も起きています。

このように、民間の企業家が政府から自立した存在としてみなされず、政治的な発言が許されない一方、それと対峙する労働者の権利を訴えるNGOの運動なども また大きく制限されているというのが中国社会の現状です。このことは、たとえ今後労使間の対立がより激化したとしても、国家が両者の調停の役割を一元的に担うことにより、権力基盤の強化を図っていくであろうことを示唆しています。その際、労使間の対立を一時的にそらす手段としてナショナリズムが持ち出される可能性は、決して低くないでしょう。

### †日系企業で相次ぐ労働争議

以上のような労働問題を取り巻く厳しい状況を踏まえるとき、日本企業をめぐる労使関係に暗い影を投げかけるような動きが相次いで生じていることは大きな懸念材料です。

二〇一五年初頭には、ユニクロを展開するファーストリテイリング社(以下、「ユニクロ」)が中国で行っている生産の労働環境を厳しく告発するレポートが発表され、日本国内でも衝撃をもって受け止められました。レポートを公表した香港の労働NGO、SACOMが、ユニクロが生産を委託している広東省広州市と東莞《とうかん》市の二つのアパレル工場に臨時工として潜入調査を行い、その苛烈な労働の実態を明らかにしたのです。

ユニクロの二つの下請工場に関して、SACOMのレポートが特に問題視したのは以下の四点です。第一に、長時間にわたる過重労働が行われており、さらに時間外給与が過少に支払われていること。第二に、工場のフロアが異常な高温に達して失神する労働者が出るなど、労働環境が劣悪であること。第三に、労働者に対して数多くの規則が設けられ、違反した場合には罰金が科せられるなど、厳しい労務管理が実施されていること。第四に、労働組合のトップを会社の管理部門長が兼任するなど、労働者が異議を申し立てるメカニズムが機能していないこと、以上です。

その上でSACOMは、下請工場に対しては中国労働法を遵守して週に一日以上の休日を労働者に与えること、労働者の健康および安全に関する適切な保護や健康診断の機会を与えることを勧告しました。またユニクロに対しては下請工場に対して適切な援助をし、労働環境の改善を促すことを求めました。

これを受けたユニクロ側は、すぐにNGOのレポートを真摯《しんし》に受け止めるという声明を発表します。そして一月一五日に公表された「中国のユニクロ取引先工場における労働環境の改善に向けた弊社行動計画について」という声明では、社内の基準にのっとり、下請工場における労働時間を削減することや、労働環境改善の具体策を策定・実行することなどの対応を約束しました。

ここ一〇年ほど、中国広東省では、農村からの安価な出稼ぎ労働者が底をつく「民工荒」という状況が続き、労働コストが上昇してきました。だからこそ、現地企業は他地域との厳しい競争に直面し、いかに労働コストを抑え、大手アパレルメーカーから受注を続けるか頭を悩ませていました。アパレルに限らず、日系企業は特に品質と納期に対する厳しい基準を設けていることは中国でも広く知られています。その高い品質への要求を労働コストが上昇する華南デルタで実現するために、結果的に労働者にしわ寄せが行ったのがユニクロのケースだとも考えられます。

さらに、同年二月には、シチズンが広東省広州市にある時計部品工場を突然閉鎖し、約一〇〇〇人の中国人労働者全員を一斉に解雇するという事態が生じました。突然解雇され、路頭に迷うことになった労働者の抗議が続く事態になり、地元の広東省を中心にメディアでも大きくとりあげられました。

報道によると、二月五日の午前まで工場は普通に操業していましたが、午後に従業員は、何の事前通知もないままに、職場からの退去を求められたといいます。企業側は、六日、七日に補償金の額などを説明し、八日までに契約終了に同意するよう求めたそうです。中国の労働法では、二〇人以上を解雇する場合、一カ月前に通知しなければならないことが決められています。シチズン側は「今回は解雇ではなく、会社自体を清算する」ので、通知がなくても問題ないのだ、と説明したとのことです。まさに法律の穴を突いたような解雇劇だと言えるでしょう。労働コストの上昇によって中国に進出した日系企業の多くがこれまでのような利益を上げられなくなり、撤退を考えていると言われます。しかし、シチズンのケースのようなことが繰り返されるなら、「日系企業は労働者を大切に扱わない」というイメージが定着しかねません。

今後中国で操業を続ける日系企業が直面する問題を考える上でも、ユニクロやシチズンなど、日本の有名企業で次々に明るみになっている労使間の問題が問いかけるものは大きいと思います。

## †中国経済の実力を正当に評価せよ

過去の教訓から現在の日中間の経済関係を眺めたとき、もう一つの懸念材料は、中国経済の減速が露わになり、株価、為替の下落といった「変調」がしばしば目に付くようになる中で、日本国内で中国経済、あるいは政府の実力を不当に低く見積もる傾向がみられる、あるいはそのような言説がもてはやされる風潮がみられることです。

その一つの例は、GDP統計の信頼性をめぐる問題です。二〇一五年上半期の実質GDP成長率が七%という数字が公表されたころから、中国の経済統計に関する疑念やそれについての議論が中国の内外で盛んに行われるようになりました。二〇一五年は多くの工業製品の名目の生産額がマイナスになっていたにもかかわらず、工業部門の付加価値は実質六%の伸びを記録するなど、統計間の不整合が目立ったためです。日本でも、中国のGDP統計は大嘘だ、といった煽情的なタイトルの書籍が書店に並び、統計の信頼性の低さが中国崩壊論の根拠として持ち出されることも多くなりました。

確かに中国のGDP統計については国家統計局の情報公開が不十分で、問題点は多いのですが、その分これまで専門家による地道な議論や代替的な推計が積み重ねられてきており、統計の「誤差」が具体的にどういった部分から生じるのかという点について、おおよそのコンセンサスが形成されています。そういった過去の研究蓄積や、基本的な知識が踏まえられないまま、中国のGDPは大嘘だ、と声高に言いつのる議論が横行することは非常に困ったことだと思います。

また、第六章でも触れたように、二〇一四年以降になって「一帯一路」「AIIB（＝アジアインフラ投資銀行）」といった言葉が日本のマスコミにも大きな関心の下に取り上げられるようになりました。中国経済の減速もあって、日本国内ではこれらの動きに対し冷ややかな視線を投げかける論調が主流だったといえるでしょう。しかし、米国を主軸とした国際経済秩序が揺らぐ中で、中国の対外経済政策をどのように位置づけるか、本来必要なのは予断を排した冷静な分析のはずです。

筆者がAIIB設立に関する一連の報道で気になったのは、中国や諸外国の動きについて日本政府が独自に情報を収集し判断を下す姿勢がほとんど感じられず、それどころか、政府関係者の間で中国政府の外交手腕を明らかに軽視する姿勢が見られた点です。AIIB設立の動きを詳細に追ったジャーナリストによれば、財務省は英国のAIIB入りの動向を把握していたものの、首相官邸の動向を慮ってか、情報を外務省と共有して善後策を検討した様子はないといいます（西村豪太『米中経済戦争AIIB対TPP』）。

中国政府による経済外交の手腕を軽視したことの帰結としては、日本には過去の苦い経験があるはずです。第二章で詳しく取り上げた、蔣介石率いる南京国民政府の時代に行われた一九三五年の幣制改革をめぐる対応がそれです。すでに述べたことのおさらいになりますが、幣制改革は、南京政府が英国政府の意向を受けたリース・ロス使節団による一連の提言を受け入れつつ、銀本位制からの離脱と中央政府が発行を管理する全国統一の通貨＝法幣の発行を目指し、実施されたものです。

当初英国はこの幣制改革の実施に際し、日本政府に協力を呼びかけ、合同で中国への借款をもちかけますが、南京政府への不信感が強かった日本政府はこの提案を蹴ってしまいます。そこで中国国内の銀を政府系銀行に集中させ、それを米国が買い取って、対価のドル資金を法幣発行のための準備通貨とする、という方針がとられたのです。中国の経済的安定を優先させた諸外国銀行もこの方針に協力しましたが、日本だけは頑として協力を拒みました。

その後も、日本国内では軍部を中心に幣制改革は失敗するとの冷ややかな見方が主流を占めました。しかし実際には改革は成功裏に終わり、法幣の対ドル・ポンド為替レートの安定を実現し、中国経済は急速に回復に向かったことはすでにみた通りです。一九三三年に国際連盟を脱退していた日本は、このような「国際協調路線に戻る最後のチャンス」を棒に振ってしまいました。その後の日本が歩んだ道については繰り返す必要もないでしょう。

もちろん、当時の状況と現在の日中を取り巻く国際環境とには大きな違いがあります。また、これまでのアジア開発銀行などの経験を踏まえてAIIBの方向性をチェックしていくことの必要性は言うまでもありません。同時に、かつてのように、中国政府の能力を軽くみるあまり国際社会で孤立を招く道を歩んでいないかどうか、という問いかけを絶えず頭の片隅に置いておく必要があるように思います。

## †深圳におけるメイカー・ムーブメント

以上、やや悲観的な臆測を述べ過ぎたかもしれません。最後に、将来の中国とのビジネス関係をイメージさせる明るい材料も提供しておきましょう。

昨今のメイカー・ムーブメントの中で注目を浴びている、深圳《しんせん》の「エコシステム」を紹介したいと思います。メイカー・ムーブメントとは、大企業ではなく、個人や小人数のグループが製品を企画・開発し、さらには製品化を目指して起業する動きです。クリス・アンダーソンの『MAKERS』という書籍がベストセラーになったことで、日本でも広く知られるようになりました。アンダーソンは、「職人肌でありながら革新的。ハイテクながら低コスト。小さく生んで、大きく育てる。そしてなんといっても世界が望む製品、古い大量生産モデルに沿わないためにこれまで世に出なかった、優れた製品を創ることができるようになる」ことが、メイカー・ムーブメントの最大の強みだとしています。

広東省の深圳市は、もともと一九八〇年代の対外開放政策によっていち早く経済特区が設けられ、労働集約的なアパレル産業などの委託加工貿易で成長した都市です（第五章参照）。その後、賃金の上昇や外資優遇政策の転換により、深圳に進出していた多くの労働集約的な産業は衰退していきます。しかし、その一方で企業家を夢見るメイカーたちがものづくりのアイディアを磨き、スタートアップを行うための「エコシステム」を備えた街として近年改めて脚光を浴びつつあるのです。

ここでいう「エコシステム」とは、個々のメイカーが抱いているものづくりのアイディアを、形にするためにサポートする、様々なシステムがそろっている状態のことを指します。例えば、設計会社、プリント基板の実装や試作品の製造を小ロットで請け負う中小企業、開発資金を出資するアクセラレーター、あるいはメイカースペースやファブラボといった、メイカーたちに一定期間開発のための場所を貸して、情報共有や資金提供者とのマッチングをサポートする空間、さらに製品を実用化するのに必要な認証を取得するための測定機関など、メイカーズ・ムーブメントに必要なあらゆる機関が、半径二時間以内で行ける圏内に集積しています。まさしく、「自分たちに欠けている必要なスキルを持ってい て、小ロットでも受け付けてくれて、試行錯誤に一緒につきあってくれる。そういう工場をいろんな分野で探すには、今のところ深圳が最適な環境」というわけです。

評論家の山形浩生は、このようなメイカーたちをサポートする深圳のシステムについて、興味深い指摘を行っています。山形はまず、現在の「イノベーションの相当部分は既存のものの組み合わせであり、また多くの人々による小さな改良の積み重ね」だとした上で、「そうした組み合わせが生じるためには、まず情報の自由な流通が必要」だと述べています。その典型が、近年注目を集めているＩｏＴ（Internet of Things、モノのインターネット）に関わる新製品の開発といえるでしょう。そこで必要なのは、まったく新しいテクノロジーというより、既存の製品と情報通信技術を組み合わせて、どのようにより便利なモノを創りだすのか、という発想そのものだからです。

山形は、深圳という都市もそのための環境を備えていたのだと言います。言論の自由が抑圧されている中国の都市で「情報の流通」が実現されていた、というのはちょっと違和感があるかもしれません。しかし、深圳は「情報の流通」において重要な二つの点を兼ね備えていました。一つは、経済特区として早くから委託加工貿易や直接投資の形を取って外国企業の進出が集中していたこと。もう一つは、地域の産業基盤が大企業独占型ではなく、無数の中小企業がお互いに競争しつつ、時に協力し合う仕組みが整っていることです。

競争相手である企業同士がなぜ「協力」し合うという現象がみられるのでしょうか。「製品開発にかかる固定費を低減できるから」というのがその答えでしょう。これまでは膨大な初期費用がかかっていた開発のプロセスや設備を、半ばオープンに共有しながら研究開発費を節約する「プラットフォーム」の機能を、深圳では「エコシステム」全体でカバーするような体制になっているわけです。

このような研究開発費の節約のおかげで、ずいぶんと「安上がりな」新製品が生まれてくることも少なくありません。SIMカードが二つ、三つ差しこめ、状況に応じて異なる電話番号が使い分けられる携帯電話やスマートフォン。そしてオートバイの保有規制が厳しく、もともと自転車が幅広い「市民の足」となっていた中国の道路事情にマッチし、爆発的な売れ行きを示した電動自転車。これらが、そういった「安上がりなイノベーション」の例として挙げられるかと思います。さらには、民生用ドローンの生産で一躍有名になった大疆創新科技（DJI）などの世界的な企業が、この深圳のエコシステムから生まれてきています。DJIの創業者は、香港科技大学在学中に製品の主要技術の一部を開発していました。このようにもともと高度な技術開発能力を持つ起業家が、深圳の「エコシステム」をうまく利用して成功するパターンは、今後ますます増えていくのではないでしょうか。

## †「自生的な市場秩序」がもたらすダイナミズム

以上のような民間企業の活躍は、第六章で述べたような「影の銀行」に共通するものをもっています。つまり、それらはいずれも、硬直的で疲弊した現行のシステムがもたらす様々な問題に対して、民間企業や各地方政府など経済システムの「周辺」に存在するアクターが、「なし崩し」的に現行のシステムの裏をかくような行動をおこすことによって形成された、いわば「自生的な市場秩序」という側面を持っているからです。

「影の銀行」も、当局の規制が不十分な中、その「隙間」を縫う形で生み出された金融仲介のイノベーション、という側面を持っています。インターネットを通じた新たなサービスの提供にもそういったものが多数あります。典型的なものが、中国の最大手ネット企業であるアリババ・グループが提供する「余額宝」という金融商品でしょう。これは、同グループによるネット決済サービス、支付宝（アリペイ）の決済口座に顧客がチャージした資金を運用し、普通預金の一〇倍にも達する利子を支払うというサービスです。「余額宝」を通じて集められた資金はその多くが銀行間市場において運用されますが、元本は保証されません。それでも利率が高い上、決済口座からの出し入れが自由という簡便さもあって、銀行預金などから大量の資金流入が問題とされました。

さらに、二〇一六年八月には、インターネットを通じた配車サービスを展開するウーバー・テクノロジーズが中国の同業最大手の滴滴出行に中国での現地法人を売却すると発表しました。これらの企業は、中国の各都市において、地方政府による厳しい参入規制によってタクシーが供給不足気味にあるという状況を背景に、一般ドライバーにも配車のネットワークに入ってもらうことで供給不足を解消し、業績を伸ばしてきました。ただ、これは厳密には違法行為でした。配車サービスへの一般ドライバーの登録は、同年七月に公布され、一一月から施行されることになった新しい規則によってようやく条件付きで認められたにすぎないからです。こういったシェアリング・エコノミーの急速な普及にも、民間企業などが「なし崩し」的にシステムの裏をかき問題の解決を図る、という構図が見てとれます。

中国経済の現状を否定的にとらえる立場からみると、このような周辺的なアクターが主体となってなし崩し的に進めていく市場秩序は、先進国で導入されているより効率的なシステムの導入が進まないところに形成された、その場しのぎのものでしかないでしょう。そのような状況が続いていく限り、中国経済はいずれ防ぎきれないリスクに直面することになり、崩壊の憂き目をたどる、という悲観的な見通しが語られます。

一方で、以上のようなダイナミズムを肯定的にみる立場からは、たとえ既存のシステムが機能不全を起こしているとしても、それぞれのアクターによる柔軟な行動によって新たなタイプの「自生的な市場秩序」が形成され、当分の間経済成長を支えていくという比較的楽観的な見方も可能です。このような見解の対立は、むしろ中国社会そのもの、およびそこで展開される経済をどうとらえるか、という論者の主観的な価値観を反映しており、したがって容易には解消されないものだと言ってよいでしょう。

こういった見解の相違が背景にあるため、中国経済そのものが客観的な評価の困難な、不確実性をもつものとして認識されるという側面があるのかもしれません。「もう中国経済は終わりだ」という過度の悲観論と、中国経済が内包する新たな可能性への注目が同時に語られているのも、中国経済自体が持つ不確実性のゆえだと言えます。今後の日中経済関係のゆくえは、以上のような中国経済が内包する「不確実性」にどうかかわるのか、という問いに集約される、と言っても過言ではないでしょう。

## †中国経済の不確実性と可能性

再び、深圳におけるメイカー・ムーブメントに話を戻しましょう。この動きのユニークなところは、メイカーという存在を媒介にして、深圳という街をアジアの中でも有数の、世界に向けて開かれた場所に変えつつあるというところです。このムーブメントに注目する日本人も次第に増えてきており、インターネットを通じて定期的に視察会の呼びかけなども行われています。そういった日本における一連の動きの火付け役ともいうべき高須正和の著書『メイカーズのエコシステム　新しいモノづくりがとまらない。』では、実際にそのような深圳の環境を生かして企業を立ち上げ、ビジネスを展開してきた日本人経営者のインタヴューも掲載されています。

また、中国企業の新しいイノベーションの動きを研究しているアジア経済研究所の木村公一朗によれば、世界的なドローンブームを牽引したＤＪＩを始めとして、深圳のメイカー・ムーブメントから育ってきた企業は、中国国内での販売よりも、初めから海外市場、それも欧米市場の開拓を視野に入れているものが多いようです。

こういった傾向について木村は、その背景としてメイカー・ムーブメントという新しいものづくりのあり方が国境を越えて広がっていること、深圳がシリコンバレーなどのエコシステムともつながりを深めていることなどを指摘しています。

二一世紀になって、かつての「投資ブーム」の際に中国に進出した既存の製造業の生産は苦しい展開を強いられています。なによりも、中国の中央および地方政府がこれまで経済成長を牽引してきた、労働集約的な低付加価値産業を「淘汰」し、次第に高付加価値・知識集約的なハイテク産業への移行（中国語では「転形昇級」）を進めるという動きを率先して進めています。その中で、撤退にあたって現地政府や労働者との間に様々なトラブルが生じるケースが増えてきているのも事実です。

そんな厳しい状況の中、これからの中国でのビジネスチャンスをものにするために必要なのは、個人が国籍に関わらずお互いの能力を認め合い、既存の発想にとらわれず競争あるいは協力を展開する、メイカー的なマインドだと言えるかもしれません。少なくとも上述の深圳では、日本や中国といったナショナルな観点から中国でのビジネスを論じる視点そのものが意味を持たないような空間が確かに生じつつあるように思えます。

もちろん、中国全体からすればそのような自由な空間はまだほんの一部でしかないかもしれません。また、その動きが広がっていくにつれて、現在は比較的友好な「政府」「国家」との関係性をどうするのか、という難問にも当然直面するでしょう。それでも、その可能性の萌芽が、言論をはじめ様々な市民としての活動の自由が厳しく制限された中国の、たとえ一都市であっても生まれつつあることにはやはり注目すべきだと筆者は考えています。

本書で見てきたように、日本企業にとって中国でのビジネスは、中国政府の外交方針や民間のナショナリズムによって大きく左右されてきました。また、中国経済自体が内包する不透明性や不確実性にも常にさらされています。一方、中国でも活力のある一部の民間企業は、絶え間なきコスト競争からメイカーによる創意工夫を競う競争へと、ゲームのルール自体が変化しつつあるまさに不確実な状況の中で、うまく自分たちの強みを生かして海外市場に乗り出そうとしています。

いずれにせよ、日中間の経済的な往来が今後急速に縮小することはありそうにもない以上、日本に住む私たちは、中国でのビジネスに直接従事するかどうかに関わらず、中国経済の「不確実性」と無縁でいることはできないと考えたほうがよさそうです。筆者も一人の研究者として、その「不確実」であるかもしれないが「可能性」をも内包している中国経済の行方を、これからも追いかけていきたいと思っています。

# 参考文献一覧


全体に関わるもの・資料など

岡本隆司編（二〇一三）『中国経済史』名古屋大学出版会
外務省アジア局中国課監修（一九九八）『日中関係基本資料集一九四九―一九九七』霞山会
霞山会編（二〇〇八）『日中関係基本資料集一九七二―二〇〇八』霞山会
梶谷懐（二〇一一）『「壁と卵」の現代中国論――リスク社会化する超大国とどう向き合うか』人文書院
梶谷懐（二〇一六）『日本と中国、「脱近代」の誘惑――アジア的なものを再考する』太田出版
加藤弘之（二〇一三）『「曖昧な制度」としての中国型資本主義』NTT出版
加藤弘之（二〇一六）『中国経済学入門――「曖昧な制度」はいかに機能しているか』NTT出版
加藤弘之・上原一慶編（二〇一一）『現代中国経済論』ミネルヴァ書房
久保亨（一九九五）『中国経済一〇〇年のあゆみ――統計資料で見る中国近現代経済史』二版、創研出版
神戸大学附属図書館『デジタル版新聞記事文庫』(http://www.lib.kobe-u.ac.jp/sinbun)
中国研究所編『中国年鑑』各年版、大修館書店
丸川知雄（二〇一三）『現代中国経済』有斐閣アルマ
民主主義研究会ほか編（二〇一六）『戦後日中交流年誌　一九四五―一九七二』ゆまに書房

［中国語］

《当代中国》叢書編集委員会（一九九二）『当代中国対外貿易』当代中国出版社
賈康・趙全厚（二〇〇六）『中国財政通史：当代巻』中国財政経済出版社

第一章

芦沢知絵（二〇一一）「内外綿の中国人管理者と監督的労働者――「特選工」から「役付工」へ（一九一一―四五年）」、富澤・久保・萩原編『近代中国を生きた日系企業』大阪大学出版会
石井寛治（二〇一二）『帝国主義日本の対外戦略』名古屋大学出版会
江田憲司（二〇〇五）「在華紡と労働運動」、森時彦編『在華紡と中国社会』京都大学学術出版会
衛藤安奈（二〇一五）『熱狂と動員――一九二〇年代中国の労働運動』慶應義塾大学出版会
岡本隆司（二〇一三）『近代中国史』ちくま新書
柏祐賢（一九四八）『経済秩序個性論Ⅱ　中国経済の研究』人文書林（『柏祐賢著作集』第四巻、京都産業大学出版会、一九八六）
川島真（二〇一〇）『近代国家への模索――一八九四―一九二五』〈シリーズ 中国近現代史2〉岩波新書
清川雪彦（二〇〇九）『近代製糸技術とアジア――技術導入の比較経済史』名古屋大学出版会
久保亨（二〇〇五）『戦間期中国の綿業と企業経営』汲古書院
桑原哲也（二〇一一）「在華紡の経営――内外綿の技術移転、労務管理、製品戦略、流通」、富澤・久保・萩原編『近代中国を生きた日系企業』大阪大学出版会
曽田三郎（一九九四）『中国近代製糸業史の研究』汲古書院
曽田三郎（二〇〇一）『近代中国と日本――提携と敵対の半世紀』御茶の水書房
高橋幸助・古厩忠夫編（一九九五）『上海史――巨大都市の形成と人々の営み』東方書店

高村直助（一九八二）『近代日本綿業と中国』東京大学出版会
富澤芳亜（二〇〇一）「『満州事変』前後の中国紡織技術者の日本紡織業認識——中国紡織学会と日本」、曽田三郎編著『近代中国と日本——提携と敵対の半世紀』御茶の水書房
富澤芳亜（二〇〇九）「近代的企業の発展」、飯島渉・久保亨・村田雄二郎編〈シリーズ 二〇世紀中国史3〉『グローバル化と中国』東京大学出版会
富澤芳亜・久保亨・萩原充編（二〇一一）『近代中国を生きた日系企業』大阪大学出版会
狭間直樹・岩井茂樹・森時彦・川井悟（一九九六）『データでみる中国近代史』有斐閣
福島香織（二〇一三）『中国絶望工場の若者たち』PHP研究所
村松祐次（一九四九）『中国経済の社会態制』東洋経済新報社（一九七五年復刊）
森時彦（二〇〇一）『中国近代綿業史の研究』京都大学学術出版会
森時彦編（二〇〇五）『在華紡と中国社会』京都大学学術出版会
安田峰俊（二〇一一）『和僑』講談社

## 第二章

安達誠司（二〇〇六）『脱デフレの歴史分析——「政策レジーム」転換でたどる近代日本』藤原書店
井口治夫（二〇一二）『鮎川義介と経済的国際主義——満洲問題から戦後日米関係へ』名古屋大学出版会
石川禎浩（二〇一〇）『革命とナショナリズム——一九二五—一九四五』〈シリーズ 中国近現代史3〉岩波新書
石橋湛山（一九八四）『石橋湛山評論集』松屋尊兊編、岩波文庫
井上寿一（二〇一二）『政友会と民政党——戦前の二大政党制に何を学ぶか』中公新書

岡本隆司（一九九九）『近代中国と海関』名古屋大学出版会
奥村哲（二〇〇四）『中国の社会主義と資本主義――近現代史像の再構成』櫻井書店
加藤陽子（二〇〇七）『満州事変から日中戦争へ』〈シリーズ　日本近現代史5〉岩波新書
加藤陽子（二〇〇九）『それでも、日本人は「戦争」を選んだ』朝日出版社
金子肇（一九八八）「中国の統一化と財政問題――「国地財政劃分」問題を中心に」『史学研究』第一七九号
金子肇（二〇〇八）『近代中国の中央と地方――民国前期の国家統合と行財政』汲古書院
木越義則（二〇一二）『近代中国と広域市場圏――海関統計によるマクロ的アプローチ』〈プリミエ・コレクション〉京都大学学術出版会
久保亨（一九九九）『戦間期中国「自立」への模索――関税通貨政策と経済発展』東京大学出版会
獅子文六（二〇一〇）『大番（上、下）』小学館文庫
澁谷由里（二〇〇五）『馬賊で見る「満洲」』講談社選書メチエ
城山智子（二〇一一）『大恐慌下の中国――市場・国家・世界経済』名古屋大学出版会
杉山伸也（二〇一二）『日本経済史　近世―現代』岩波書店
中林真幸（二〇〇六）「日本資本主義論争」、杉山伸也編『「帝国」の経済学』岩波書店
西村成雄（二〇〇六）「日中戦争前夜の中国分析――『再認識論』と『統一化論争』」『岩波講座「帝国」日本の学知』岩波書店
日本近代化とアジア主義研究会編（一九七一）『「中国統一化」論争資料集』アジア経済研究所
野沢豊編（一九八一）『中国の幣制改革と国際関係』東京大学出版会
山田盛太郎（一九七七）『日本資本主義分析』岩波文庫

山本有造（二〇〇三）『「満洲国」経済史研究』名古屋大学出版会

第三章

石島紀之・久保亨編（二〇〇四）『重慶国民政府史の研究』東京大学出版会
岩間一弘・金野純・朱珉・高綱博文編（二〇一二）『上海――都市生活の現代史』〈風響社あじあブックス3〉
江口圭一（一九八八）『日中アヘン戦争』岩波新書
奥村哲・笹川裕史（二〇〇七）『銃後の中国社会――日中戦争下の総動員と農村』岩波書店
戒能通孝（一九四三）「支那土地法慣行序説――北支農村に於ける土地所有権と其の具体的性格」『支那農村慣行調査報告書　第一輯』東亜研究所
久保亨（二〇〇九）「統制と開放をめぐる経済史」、飯島渉・久保亨・村田雄二郎編『グローバル化と中国』〈シリーズ　二〇世紀中国史3〉東京大学出版会
久保亨編著（二〇〇六）『一九四九年前後の中国』汲古書院
久保亨・波多野澄雄・西村成雄編（二〇一四）『戦時期中国の経済発展と社会変容』〈日中戦争の国際共同研究5〉慶應義塾大学出版会
小林英夫（二〇〇四）『帝国日本と総力戦体制――戦前・戦後の連続とアジア』有志舎
小林英夫（二〇〇七）『日中戦争――殲滅戦から消耗戦へ』講談社現代新書
笹川裕史（二〇一一）『中華人民共和国誕生の社会史』講談社選書メチエ
佐藤卓巳（二〇〇五）『八月十五日の神話――終戦記念日のメディア学』ちくま新書
柴田善雅（一九九九）『占領地通貨金融政策の展開』日本経済評論社

多田井喜生（一九九七）『大陸に渡った円の興亡』（下）東洋経済新報社
多田井喜生（二〇〇二）『朝鮮銀行――ある円通貨圏の興亡』ＰＨＰ新書
多田井喜生（二〇一四）『昭和の迷走――「第二満洲国」に憑かれて』筑摩選書
陳祖恩（二〇一〇）『上海に生きた日本人――幕末から敗戦まで』大里浩秋監訳、大修館書店
旗田巍（一九七三）『中国村落と共同体理論』岩波書店
平野義太郎（一九四五）『大アジア主義の歴史的基礎』河出書房新社
広中一成（二〇一四）『ニセチャイナ――満洲・蒙疆・冀東・臨時・維新・南京』社会評論社
松浦正孝（二〇一〇）『「大東亜戦争」はなぜ起きたのか――汎アジア主義の政治経済史』名古屋大学出版会
松本三之助（二〇一一）『近代日本の中国認識――徳川期儒学から東亜協同体論まで』以文社
安冨歩（二〇〇二）「定期市と県城経済――一九三〇年前後における満洲農村市場の特徴」『アジア経済』一〇月号
山本有造（二〇一一）『「大東亜共栄圏」経済史研究』名古屋大学出版会

第四章

井上正也（二〇一〇）『日中国交正常化の政治史』名古屋大学出版会
上原一慶（二〇〇九）『民衆にとっての社会主義――失業問題からみた中国の過去、現在、そして行方』青木書店
王偉彬（二〇〇四）『中国と日本の外交政策――一九五〇年代を中心にみた国交正常化へのプロセス』ミネルヴァ書房

王雪萍編（二〇一三）『戦後日中関係と廖承志――中国の知日派と対日政策』慶應義塾大学出版会
大澤武司（二〇一〇）「『闘争支援』と『経済外交』の協奏――戦後日中関係における『断絶』再考――」『現代中国研究』第二七号
大澤武司（二〇一四）「『以民促官』『半官半民』の舞台裏――現代中国の対日政策機構の原型」『現代中国』第八八号
大原總一郎（一九六三a）「対中国プラント輸出について」『世界』九月号
大原總一郎（一九六三b）「わが社のプラント輸出に関する批判に対して」『連絡月報』一〇月号
加藤弘之・久保亨（二〇〇九）『進化する中国の資本主義』〈叢書・中国的問題群5〉岩波書店
兼田麗子（二〇一二）『戦後復興と大原總一郎――国産合成繊維ビニロンにかけて』成文堂
久保亨（二〇一一）『社会主義への挑戦一九四五―一九七一』〈シリーズ 中国近現代史4〉岩波新書
国分良成・添谷芳秀・高原明生・川島真（二〇一三）『日中関係史』有斐閣アルマ
杉浦康之（二〇〇八）「中国の『日本中立化』政策と対日情勢認識――第四次日中民間貿易協定交渉過程と長崎国旗事件を中心に――」『アジア研究』第五四巻第四号。
添谷芳秀（一九九五）『日本外交と中国――一九四五―一九七二』慶應通信
田島俊雄（二〇〇〇）「中国の財政金融制度」、中兼和津次編『現代中国の構造変動2　構造変動と市場化』東京大学出版会
谷川真一（二〇一六）「中国文化大革命50周年――その「理想」と現実」『世界』八月号
土井英二（二〇〇九）「文革期北京での友好商社駐在経験を語る」『現代中国研究』第二四号
牧村健一郎（二〇一三）『日中をひらいた男　高碕達之助』朝日選書
水谷尚子（二〇〇六）『「反日」以前――対日工作者たちの回想』文藝春秋社

宮城大蔵（二〇〇八）『「海洋国家」日本の戦後史』ちくま新書
毛里和子（二〇〇五）『日中関係——戦後から新時代へ』岩波新書
楊継縄（二〇一二）『毛沢東大躍進秘録』伊藤正・田口佐紀子・多田麻美訳、文藝春秋社
吉越弘泰（二〇〇五）『威風と頽唐——中国文化大革命の政治言語』太田出版
吉澤宏始（二〇〇九）「貿易からみた日中国交回復へのあゆみ」『現代中国研究』第二四号
若宮啓文（二〇一四）『戦後七〇年　保守のアジア観』朝日選書

## 第五章

石井知章（二〇〇八）『K・A・ウィットフォーゲルの東洋的社会論』社会評論社
伊藤正（二〇〇八）『鄧小平秘録』（上・下）産経新聞社
及川淳子（二〇一六）「胡耀邦生誕一〇〇周年の今日的意義」『二一世紀中国総研』二〇一六年一月二〇日（http://www.21ccs.jp/tokushu_koyouhou/koyouhou_02.html二〇一六年八月三一日アクセス）
加々美光行（二〇一六）『未完の中国——課題としての民主化』岩波書店
梶谷懐（二〇一一）『現代中国の財政金融システム——グローバル化と中央—地方関係の経済学』名古屋大学出版会
小島末夫（二〇一二a）「広州交易会の変遷」、服部健治・丸川知雄編『日中関係史一九七二—二〇一二　Ⅱ経済』東京大学出版会
小島末夫（二〇一二b）「日中長期貿易取り決めの締結」、服部健治・丸川知雄編『日中関係史一九七二—二〇一二　Ⅱ経済』東京大学出版会
小島末夫（二〇一二c）「貿易不均衡への対応」、服部健治・丸川知雄編『日中関係史一九七二—二〇一二

Ⅱ経済』東京大学出版会
清水美和（二〇〇三）『中国はなぜ「反日」になったか』文春新書
高原明生・前田宏子（二〇一四）『開発主義の時代へ一九七二―二〇一四』〈シリーズ 中国近現代史5〉岩波新書
趙紫陽ほか（二〇一〇）『趙紫陽極秘回想録』河野純治訳、光文社
波多野敦彦（二〇一二）「通商関係からみた日中経済関係」、服部健治・丸川知雄編『日中関係史一九七二―二〇一二 Ⅱ経済』東京大学出版会
服部龍二（二〇一二）「中曽根・胡耀邦関係と歴史問題一九八三―一九八六年」、高原明生・服部龍二編『日中関係史一九七二―二〇一二 Ⅰ政治』東京大学出版会
三宅康之（二〇〇六）『中国・改革開放の政治経済学』ミネルヴァ書房
三宅康之（二〇一二）「六・四（第二次天安門）事件一九八九―九一年」、高原明生・服部龍二編『日中関係史一九七二―二〇一二 Ⅰ政治』東京大学出版会
渡辺利夫・三浦有史（二〇〇三）『ＯＤＡ（政府開発援助）――日本に何ができるか』中公新書

[英語]
Kornai, Janos (2000), "Ten Years After the Road to a Free Economy," *Paper for the World Bank Annual Bank Conference on Development Economics.*

[中国語]
銭其深（二〇〇三）『外交十記』世界知識出版社

## 第六章

天児慧（二〇一三）『日中対立――習近平の中国をよむ』ちくま新書
梶谷懐（二〇一五）「経済リスクのゆくえ」、川島真編『チャイナ・リスク』〈シリーズ 日本の安全保障 5〉岩波書店
経済産業省（二〇一一）『通商白書二〇一一――震災を越え、グローバルな経済的ネットワークの再生強化に向けて』山浦印刷
経済産業省（二〇一三）『通商白書二〇一三――世界経済のダイナミズムを取り込んで実現する生産性向上と経済成長』勝美印刷
国分良成編（二〇一一）『中国は、いま』岩波新書
小島末夫（二〇一二）「経済摩擦――初の対中セーフガード、対日アンチダンピング」、服部健治・丸川知雄編『日中関係史一九七二―二〇一二 Ⅱ経済』東京大学出版会
齋藤尚登（二〇一四）「中国地方政府債務問題とシャドーバンキング問題」『月刊資本市場』三四号
清水美和（二〇〇六）『中国が「反日」を捨てる日』講談社＋α新書
社団法人経済同友会（二〇〇六）「今後の日中関係への提言――日中両国へのメッセージ」二〇〇六年五月九日（http://www.doyukai.or.jp/policyproposals/articles/2006/pdf/060509.pdf 二〇一六年八月三一日アクセス）
内閣府政府広報室（二〇一六）『「外交に関する世論調査」の概要』二〇一六年三月（http://survey.gov-online.go.jp/h27/h27-gaiko/gairyaku.pdf 二〇一六年八月三一日アクセス）
日本弁護士連合会（二〇一五）「中国の弁護士の一斉連行を憂慮し、弁護士の職務活動の保障等を求める

会長声明」二〇一五年七月二四日（http://www.nichibenren.or.jp/activity/document/statement/year/2015/150724.html 二〇一六年八月三一日アクセス）
日本貿易振興機構（ジェトロ）海外調査部　中国北アジア課（二〇一五）『二〇一五年度アジア・オセアニア進出日系企業実態調査――中国編――』二〇一五年一二月（https://www.jetro.go.jp/world/reports/2015/01/0b534b5d88fc897.html 二〇一六年八月三一日アクセス）
日本貿易振興機構（ジェトロ）海外調査部　中国北アジア課（二〇一六）『二〇一五年の対中直接投資動向』二〇一六年七月（https://www.jetro.go.jp/ext_images/_Reports/01/12f11b2258f74978/20160033.pdf 二〇一六年八月三一日アクセス）
ピケティ、トマ（二〇一三）『二一世紀の資本』山形浩生・守岡桜・森本正史訳、みすず書房
丸川知雄・梶谷懐（二〇一五）『経済大国化の軋みとインパクト―超大国中国のゆくえ４』東京大学出版会
水谷尚子（二〇〇五）『「反日」解剖――歪んだ中国の「愛国」』文藝春秋社
森路未央（二〇一三）「中国での一極生産からＡＳＥＡＮとの国際分業へ――アジアにおける新たな産業集積の動向――」『日刊通商弘報』日本貿易振興機構
李彦銘（二〇一六）『日中関係と日本経済界――国交正常化から「政冷経熱」まで』勁草書房
渡邉真理子（二〇一三）『中国の産業はどのように発展してきたか』勁草書房

［英語］
Marukawa, Tomoo (2012), "Bilateral Trade and Trade Frictions between China and Japan, 1972-2012," *Eurasian Geography and Economics*, Vol. 53, pp. 442-456.

Naughton, Barry (2007), *Chinese Economy: Transitions and Growth*, MIT Press, Cambridge.

[中国語]

中華人民共和国審計署（二〇一三）『全国政府性債務審計結果』二〇一三年一二月三〇日（http://www.audit.gov.cn/n1992130/n1992150/n1992500/n3432077.files/n3432112.pdf 二〇一六年八月三一日アクセス）

国家工商総局企業注冊局信息中心（二〇一三）『全国内資企業生存時間分析報告』二〇一三年六月（http://www.saic.gov.cn/zwgk/tjzl/zxtjzl/xxzx/201307/P020130731318661073618.pdf 二〇一六年八月三一日アクセス）

## 終章

アンダーソン、クリス（二〇一二）『ＭＡＫＥＲＳ――二一世紀の産業革命が始まる』関美和訳、ＮＨＫ出版

石井知章（二〇一五）「習近平時代の労使関係――「体制内」労働組合と「体制外」労働ＮＧＯとの間」、石井知章・緒形康編『中国リベラリズムの政治空間』勉誠出版

木村公一朗（二〇一六）「中国：深圳のスタートアップとそのエコシステム」『海外研究員レポート』IDE-JETRO（http://www.ide.go.jp/Japanese/Publish/Download/Overseas_report/1605_kimura.html、二〇一六年八月三一日アクセス）

高須正和（二〇一六）『メイカーズのエコシステム　新しいモノづくりがとまらない。』インプレスＲ＆Ｄ

西村豪太（二〇一五）『米中経済戦争ＡＩＩＢ対ＴＰＰ――日本に残された大逆転のチャンス』東洋経済

新報社
松原邦久（二〇一五）『チャイナ・ハラスメント――中国にむしられる日本企業』新潮新書
山形浩生（二〇一六）「解説――深圳をめぐる個人史・都市発展とイノベーション」、高須正和『メイカーズのエコシステム　新しいモノづくりがとまらない。』インプレスR&D

ちくま新書
1223

日本《にほん》と中国経済《ちゅうごくけいざい》
——相互交流《そうごこうりゅう》と衝突《しょうとつ》の一〇〇年《ねん》

二〇一六年一二月一〇日 第一刷発行

著者 梶谷懐（かじたに・かい）
発行者 山野浩一
発行所 株式会社 筑摩書房
東京都台東区蔵前二-五-三 郵便番号一一一-八七五五
振替〇〇一六〇-八-四一二三
装幀者 間村俊一
印刷・製本 株式会社 精興社



乱丁・落丁本の場合は、左記宛にご送付ください。
送料小社負担でお取り替えいたします。
ご注文・お問い合わせも左記へお願いいたします。
〒三三一-八五〇七 さいたま市北区櫛引町二-六〇四
筑摩書房サービスセンター 電話〇四八-六五一-〇〇五三



ISBN978-4-480-06929-0 C0233

1019
## 近代中国史
岡本隆司
中国とは何か？　その原理を解く鍵は、近代史に隠されている。グローバル経済の奔流が渦巻きはじめた時代から、激動の歴史を構造的にとらえなおす。

948
## 日本近代史
坂野潤治
この国が革命に成功し、わずか数十年でめざましい近代化を実現しながら、やがて崩壊へと突き進まざるをえなかったのはなぜか。激動の八〇年を通観し、捉えなおす。

1080
## 「反日」中国の文明史
平野聡
文明への誇り、日本という脅威、社会主義と改革開放、矛盾した主張と強硬な姿勢……。驕る大国の本質を悠久の歴史に探り、問題のありかと日本の指針を示す。

1011
## チャイニーズ・ドリーム
――大衆資本主義が世界を変える
丸川知雄
日本企業はなぜ中国企業に苦戦するのか。その秘密は、カネも技術もなくても起業に挑戦する普通の庶民のハングリー精神と、彼らが生み出すイノベーションにある！

1005
## 現代日本の政策体系
――政策の模倣から創造へ
飯尾潤
財政赤字や少子高齢化、地域間格差といった、わが国の喫緊の課題を取り上げ、改革プログラムのための思考を展開。日本の未来を憂える、すべての有権者必読の書。

905
## 日本の国境問題
――尖閣・竹島・北方領土
孫崎享
どうしたら、尖閣諸島を守れるか。竹島や北方領土は取り戻せるのか。平和国家・日本の国益に適った安全保障とは何か。国防のための国家戦略が、いまこそ必要だ。

1016
## 日中対立
――習近平の中国をよむ
天児慧
大国主義へと突き進む共産党指導部は何を考えているのか？　内部資料などをもとに、権力構造を細密に分析し、大きな変節点を迎える日中関係を大胆に読み解く。